Jörg Berger

DER HERZENS KOMPASS

Dein Weg zu **Liebe, Freiheit** und **Vertrauen**

ÜBER DIE AUTOREN:

Jörg Berger ist Psychologe und Psychotherapeut. Als gefragter Redner ist er mit Themen rund um schwierige und schöne Beziehungen unterwegs.

Andreas Rosenwink ist geistlicher Begleiter und Theologe. In Stilletagen und Seminaren über christliche Spiritualität begleitet er Menschen bei ihrer Suche nach Gott.

Bibliografische Information der Deutschen Nationalbibliothek
Die Deutsche Nationalbibliothek verzeichnet diese Publikation
in der Deutschen Nationalbibliografie;
detaillierte bibliografische Daten sind im Internet
über http://dnb.dnb.de abrufbar.

ISBN 978-3-96362-170-3
Alle Rechte vorbehalten
© 2020 by Verlag der Francke-Buchhandlung GmbH
35037 Marburg an der Lahn
Umschlagbilder: © iStockphoto.com (-VICTOR-; Maxger; Drysiak)
Icons Innenteil: © iStockphoto.com (PeterSnow; Drypsiak; Warmworld)
Umschlaggestaltung & Satz: Verlag der Francke-Buchhandlung GmbH
Druck und Bindung: CPI books GmbH, Leck

www.francke-buch.de

Inhalt

Wir brechen mit dir auf – Einführung 5

Teil I: Dein Weg zu Liebe, Freiheit und Vertrauen 15

Dein Gefühlsleben ordnen mit dem Herzenskompass 17

Beziehungen leben mit dem Herzenskompass 33

Den Draht zu Gott halten mit dem Herzenskompass 62

Schlechte Gewohnheiten überwinden mit dem
Herzenskompass 74

Eine Krise abfangen mit dem Herzenskompass 89

Herausforderungen meistern mit dem Herzenskompass 95

Deine Berufung leben mit dem Herzenskompass 100

Teil 2: Auf dem Weg mit geistlichen Übungen 115

Achtsam werden für Berührungen von Gott 120

Gottes Gegenwart in der Natur erfahren 130

Schriftbetrachtung 135

„In die Wüste gehen …" 155

Freiraum aufsuchen 159

Die Angst annehmen, bis sie weicht 164

Entgegen handeln 171

Rückblick 177

Teil 3: Wenn du einmal nicht weiterkommst:
Fragen und Antworten 181

Bleibe mit uns auf dem Weg 204

Literaturverzeichnis 206

»Bei sich selbst beginnen, aber nicht bei sich enden,
von sich ausgehen, aber nicht auf sich abzielen,
sich erfassen, aber sich nicht mit sich befassen.«

MARTIN BUBER

WIR BRECHEN MIT DIR AUF – EINFÜHRUNG

Wann hast du es geschafft im Leben? Wir finden es gar nicht so schwer, diese Frage zu beantworten: Wenn du liebst und geliebt wirst, innerlich erfüllt bist und andere beschenkst; wenn du frei bist, so zu sein, wie du wirklich bist, und dich für das einsetzen kannst, woran du wirklich glaubst; wenn du genug Vertrauen hast, um dich auf die Wagnisse des Lebens einzulassen, und wenn du mit den Verletzungen und Rückschlägen umgehen kannst, die keiner ganz vermeiden kann. Wann hast du dein Leben auf einen guten Kurs gebracht? Wenn du auf deinem Weg immer mehr Liebe, Freiheit und Vertrauen findest – und weitergibst.

Wir – der eine von uns ein Psychotherapeut, der andere ein geistlicher Begleiter – legen dir mit dem Herzenskompass ein Hilfsmittel in die Hand, mit dem du dich auf den Weg machen kannst. Natürlich haben wir nicht alles selbst erfunden, was du im Herzenskompass entdecken wirst. Jörg schöpft aus den Erfahrungen der klinischen Psychologie und Psychotherapieforschung, Andreas knüpft an die Geschichte Gottes mit dem

Menschen an, die sich über Jahrtausende erstreckt und sich in der christlichen Tradition niedergeschlagen hat. Wir haben es – wenn uns unser Vorhaben gelungen ist – nur in zeitgemäßer Weise vereinfacht und verbunden. Dabei begegnen wir uns nicht als Fremde: Jörg ist ein Psychotherapeut, der selbst im Glauben verwurzelt ist. Er hat schon viele glaubende Menschen begleitet. Andreas übt als geistlicher Begleiter einen Dienst aus, den man nicht tun kann, ohne auch Menschenkenntnis zu gewinnen. Das hat uns die Zusammenarbeit leicht gemacht.

Mein (Jörgs) Weg zum Herzenskompass

Zwei beunruhigende Erfahrungen haben mich in Bewegung gehalten, schon 25 Jahre lang. Die eine betrifft den Glauben, die andere die Psychotherapie.

Mit Mitte 20 entdeckte ich den Glauben. Ich begann mit der Bibel zu leben, zu beten und mein Leben mit anderen Christen zu teilen. Ich erfuhr die Liebe Gottes in immer neuen Facetten und versuchte, den Kurs meines Lebens immer mehr von Jesus bestimmen zu lassen. Du kannst dir vorstellen, dass das mein Leben umgekrempelt hat: Gott hat mich zu wunderbaren, tiefen Beziehungen befreit. Ich hatte schon immer viele gute Absichten, Gott aber hat sie so in seine Pläne eingebaut, dass ich nun wirklich positive Spuren im Leben anderer Menschen hinterlassen darf. Vor allem ist mir Gott auf eine geheimnisvolle Weise die wichtigste Bezugsperson geworden. Er ist präsent in meinen Gedanken, meiner Gefühlswelt und meinen Entscheidungen.

Doch das ist nur die Schokoladenseite meines Glaubens. Es gibt Momente, in denen ich so selbstbezogen, ängstlich, gestresst und innerlich leer bin, als hätte ich noch nie von Gott gehört oder als gäbe es ihn nicht. Dann bin ich anstrengend für andere und habe ihnen wohl auch schon geschadet. Wie kann es sein, dass es Bereiche meiner Persönlichkeit und meines Lebens gibt, in denen Gottes Kraft und Liebe ohne Wirkung bleiben? Bei anderen habe ich beobachtet: Ich bin nicht der Einzige, dem es so geht. Das hat mich auf die Suche meines Lebens geführt: Wie lassen sich die *Gott-losen* Bereiche der Persönlichkeit und des Lebens unter den Einfluss von Gottes Liebe bringen?

Gleichzeitig erlebte ich auf meinem beruflichen Weg, wie viel Gutes eine Psychotherapie bewirken kann. Doch auch hier bemerkte ich bald eine Schattenseite. Selbst wenn Beschwerden wie depressive Symptome verschwunden waren, blieb im Leben einiger Patienten eine Leere: Es fehlte ein Sinn. Es fehlte vor allem eine Liebe, ohne die das Leben anstrengend ist, Beziehungen nicht befriedigen und die Persönlichkeit eine ewige Baustelle bleibt. Nach mancher erfolgreichen Therapie ahnte ich, dass es nicht lange gut gehen kann. Auch das führte mich auf eine Suche, nämlich wie ich Menschen darin begleiten kann, dass sich ihr Glaube vertieft und er sich in ihrem Leben auswirkt.

Seit zehn Jahren fülle ich Zettel, Hefte und neuerdings Notizapps mit meinen Ideen. Ich schrieb in Strandcafés in Südfrankreich, an einem Fjord in Norwegen, an der Weser, auf der Schwäbischen Alb und in vielen Heidelberger Cafés. Doch meine besten, konzentriertesten Momente führten mich nicht weiter. Für den psychologischen Teil fühlte ich mich irgendwann bereit, aber nicht für den spirituellen. Also las ich Bücher über geistliche Begleitung und besuchte Einkehrzeiten im Kloster, auch zwei von Andreas. Mit einfachen Anleitungen führte er uns Teilnehmer in erstaunliche Erfahrungen mit Gott. Das hat mich persönlich sehr weitergebracht. Gleichzeitig hat sich bestätigt, was ich geahnt habe: Ich würde noch lange brauchen, um die nötige Ausbildung und Erfahrung in der geistlichen Begleitung von Menschen zu finden. Doch was wäre, wenn ich jemanden gewinnen könnte, der genau das einbringt?

Mein (Andreas') Weg zum Herzenskompass

Auch mich hält eine Erfahrung schon über 25 Jahre in Bewegung. Mal mehr, mal weniger. Im Kern ist sie eine Sehnsucht nach Gott. Als junger Christ durfte ich Teenager auf Jugendfreizeiten begleiten. Das weckte in mir einen Hunger nach mehr. Später hängte ich meinen technischen Beruf als Ingenieur an den Nagel. Ich studierte Theologie. Es folgten Jahre im Gemeindedienst, in denen ich vor allem am Anfang stark an meine persönlichen Grenzen kam. Ich war ein verkopfter, junger Mann mit wenig Kontakt zu seinem Innenleben. In einer persönlichen Krise hatte ich die Nase voll von Büchern und Predigten. Es zog mich in die Stille. In Einkehrzeiten in einem evangelischen Kloster (der Communität Christusbruderschaft Selbitz) suchte ich Gottes Nähe und seine heilende Berührung. In einer Anleitung einer Schwester hörte ich einen Satz, durch den sich meine Spiritualität grundlegend verändern sollte: „Achte darauf, wo dich ein Wort der Bibel innerlich berührt. Dort verweile ..." Die geistliche Begleitung, die ich in diesem Kloster erlebte, war für mich so hilfreich, dass ich dort selbst eine Ausbildung in geistlicher Begleitung begann. Es war ein intensiver und heilsamer Weg, auf dem ich sehr viel gelernt habe. Schon bald durfte ich Exerzitien (geistliche Übungen) im Alltag anbieten. Eine Sehnsucht trieb mich dazu an: dass Menschen Christus so nah und wohltuend erleben, wie ich es erfahren habe.

Ich liebe Gemeinde und habe viele Predigten gehalten (und noch mehr gehört), was aber in ein paar stillen Tagen oder sonstigen geistlichen Übungen geschehen kann, ist bei vielen Menschen tiefer und transformierender, als ich es in Jahren der Gemeindearbeit erlebt habe. So folgte ich dieser Sehnsucht und konnte ein Aufbaustudium in christlicher Spiritualität mit dem Schwerpunkt geistlicher Begleitung in den USA abschließen. Seitdem lebe ich wieder in der Nähe von Heidelberg, bin vor allem Hausmann und Vater, habe aber auch Zeit, um Menschen geistlich zu begleiten. Auch als Jörg mich anfragte, dieses Buch mit ihm zu schreiben, rührte das an meiner Sehnsucht, dass viele Menschen sich für Gottes Gegenwart öffnen und Gott erfahren mögen. Ich traue mich zu sagen, dass meine Sehnsucht ein Echo ist, von Gottes Sehnsucht nach einer tieferen Beziehung mit uns Menschen.

Eine kleine Gebrauchsanleitung

Als Geleitwort für dieses Buch haben wir Worte des jüdischen Religionsphilosophen Martin Buber gewählt:

> Bei sich selbst beginnen, aber nicht bei sich enden,
> von sich ausgehen, aber nicht auf sich abzielen,
> sich erfassen, aber sich nicht mit sich befassen.[1]

Unsere eigene Person und unser eigenes Leben sind der Ausgangspunkt. Wo sonst sollten wir auch beginnen? Wir können anderen kein Gegenüber sein, wenn wir unsere eigene Person unbeachtet lassen. Wir finden nicht zu einem Einsatz, wenn wir nicht zu unserer Leidenschaft und unseren Überzeugungen finden. Zugleich müssen unsere Beziehungen und unser Einsatz scheitern, wenn wir unsere Schwächen nicht kennen. Leben gelingt nur, wo wir uns von Zeit zu Zeit korrigieren (lassen). Geistliche Lehrer aller Zeiten haben außerdem betont, dass Selbsterkenntnis und Gotteserkenntnis zusammengehören. Gottes Liebe zielt auf unsere Person ab und sein Ruf an uns gilt unserer ganzen Person, samt unseren Sehnsüchten, Absichten, unserer Geschichte, unserer Gefühlswelt und unserem ganz all-

---

1 Buber, Martin (1963): Werke Dritter Bd., Schriften zum Chassidismus. Kösel Verlag, München, S. 731.

täglichen Leben. Wie könnten wir seine Liebe empfangen und seinem Ruf folgen, wenn wir uns selbst übergehen?

Doch wir dürfen nicht bei uns stehen bleiben. Nichts macht unglücklicher als ein Kreisen um die eigene Person; und nichts macht uns unangenehmer für andere. Dabei spielt es keine Rolle, ob wir uns dabei selbst bewundern oder kritisieren, ob wir von unseren Bedürfnissen beherrscht werden oder zwanghaft gegen sie ankämpfen. Jede Spielart der Selbstbezogenheit macht unglücklich. Mit Gottes Hilfe wird jede Berührung mit uns selbst unser Herz und unseren Blick öffnen und uns auf den Weg bringen zu liebevollen Beziehungen, zu einem Einsatz für eine gute Sache und nicht zuletzt zu Gott.

Im ersten Teil des Buches findest du verschiedene Ausgangspunkte: dein Gefühlsleben, deine Beziehungen, deine Beziehung zu Gott, deine Gewohnheiten, deine Herausforderungen, deine Krisen und deine Berufung. Beginne einfach dort, wo du eine Neugier empfindest, wo du eine Unzufriedenheit, eine Sehnsucht oder eine heilige Unruhe spürst. Vielleicht leidest du gerade, weil dir etwas fehlt, du unter Druck stehst oder dich etwas bedroht. Dann lass dich davon leiten.

Mit dem zweiten Teil kannst du dich auf den Weg machen. Wir stellen dir verschiedene geistliche Übungen vor. Du wählst eine aus, die zu dem Thema passt, das dich beim Lesen des ersten Teiles am meisten angesprochen hat. Und so beginnst du, dich Gott hinzuhalten. Durch die Übungen wirst du auch in deinem Alltag zunehmend aufmerksam, wie Gott dir höchst individuell und seelsorgerlich begegnet, wie Gott dich in eine tiefere Beziehung zu dir selbst, zu ihm und zu deinen Mitmenschen einlädt. Du wirst außerdem immer häufiger bemerken, dass du in den Herausforderungen deines Alltags nie ohne Gottes Rückhalt bist.

Im dritten Teil gehen wir auf Fragen und Hindernisse ein, die dir auf deinem Weg mit dem Herzenskompass begegnen könnten.

Die Theorie und andere Hintergrundinformationen, die du auch überspringen kannst

Es gibt Leser, die ganz unruhig werden, wenn sie nicht durchschauen, worum es in einem Buch geht und was hinter dem steckt, was ein Autor behauptet. Zu diesen Lesern gehöre ich (Jörg). Andere langweilen sich, wenn es zu theoretisch und grundlegend wird. Im Herzenskompass wollen wir dich schnell zu Aha-Erlebnissen und praktischen Erfahrungen führen. Das Hintergrundwissen haben wir dort platziert, wo du es für den nächsten guten Gedanken und den nächsten möglichen Schritt brauchst.

Aber falls wir dich damit zu sehr auf die Folter spannen, informieren wir dich hier kurz über die Theorie. Psychologie bedeutet vor allem: Ich bringe das komplizierte Menschsein so in ein Modell, dass ich es besser verstehen und klug handeln kann. Je nachdem, was ich verstehen und vielleicht auch verändern will, gibt es Persönlichkeitsmodelle, Kommunikationsmodelle, Modelle der persönlichen Entwicklung, Modelle zwischenmenschlicher Beziehungen oder auch Modelle seelischer Probleme. Für den Herzenskompass habe ich ein eigenes Modell entwickelt. Es sagt aus, dass sich alle Erfahrungen, die dich glücklich machen oder herausfordern, in drei menschliche Grunderfahrungen einordnen lassen:

Mangel oder Erfüllung
Fremdbestimmung oder Freiheit
Bedrohung oder Sicherheit

Zu diesen menschlichen Grunderfahrungen hat die Psychologie einiges zu sagen. Gleichzeitig sind sie auch die Ausgangspunkte für jede spirituelle Erfahrung.

Deshalb ist es sehr hilfreich, wenn du auf den Punkt bringen kannst, worum es bei deinen Erfahrungen geht. Du siehst und spürst dann schnell, was du brauchst, woran du deine Entscheidungen orientieren kannst und wohin dein Weg in einem bestimmten Lebensbereich geht.

Mein Modell der drei Grunderfahrungen vereinfacht andere psychologische Modelle, vor allem die kognitive Verhaltenstherapie nach Beck, die Schematherapie nach Young, einige moderne tiefenpsychologische Ansätze wie die operationalisierte psychodynamische Diagnostik und auch das Persönlichkeitsmodell des Enneagramms. Alle Modelle außer dem Enneagramm sind wissenschaftlich überprüft und (in weiten Teilen) bestätigt worden. Die jeweiligen Hauptwerke findest du in den Literaturangaben.

Die geistlichen Übungen, die du im zweiten Teil des Buches findest, gehen vor allem auf ignatianische oder kontemplative Spiritualität zurück. In den letzten Jahrzehnten haben einige Orden und Kommunitäten ihre geistlichen Quellen wiederentdeckt und Menschen von heute zugänglich gemacht. Eine Anleitung zum vertiefenden Bibellesen geht zum Beispiel auf Ignatius von Loyola zurück, der im 16. Jahrhundert den Jesuitenordnen gegründet hat. Eine andere Anleitung, die du entdecken kannst, stammt aus der Tradition der Benediktinermönche. Ich (Andreas) habe die Übungen ähnlich beschrieben, wie ich sie selbst während meiner Ausbildung erfahren habe und wie sie sich in der Praxis bewährt haben. Zusätzlich schöpfe ich dabei aus Ansätzen, die geistliche Begleitung bereichern: z. B. das Jesus- oder Herzensgebet nach Franz Jalics (2018), das *Centering Prayer* nach Thomas Keating (1986) und der Ansatz der *Restorative Justice* aus der friedenskirchlichen Theologie der Mennoniten (siehe z. B. Howard Zehr, 2015).

Alles, was wichtig ist, lässt sich auch einfach sagen. Die Psychologie schließt keinen aus. Worauf es im Leben und in Beziehungen ankommt, kann jeder verstehen, der ein gutes Herz hat. Noch entschiedener schließt Gott keinen aus. Jesus hat betont, dass einfache Menschen Gottes Botschaft verstehen, während sich ihr viele Gelehrte verschlossen haben (Lk 10,21). Deshalb halten wir es einfach, auch wenn wir Theorien aus unseren Fachgebieten im Hinterkopf haben.

Du hast immer noch nicht genug von der Theorie hinter dem Herzenkompass? Dann tauche in folgendem Video noch tiefer in das Konzept ein:

www.derherzenskompass.de/konzept

Teil I:
DEIN WEG ZU LIEBE, FREIHEIT UND VERTRAUEN

Es tut uns so leid: Mit der Einführung ist der gemütliche Teil schon vorbei. Nun steht deine erste Entscheidung an. Und schneller, als du geahnt hättest, wirst du dich ganz persönlich auf den Weg machen. Aber weil wir dich vorher nicht fragen konnten, ob du das gut findest, lassen wir dir noch ein Hintertürchen offen: Du kannst das Buch auch ganz gemütlich lesen, einfach von vorne bis hinten. Du wirst dann hoffentlich von interessanten Gedanken angesprochen und blickst ganz neu auf dein Leben und auf andere Menschen, auf dich und auf Gott. Nach diesem ersten Lesegenuss hast du den Überblick und entscheidest, wo es für dich vielleicht praktisch wird.

Aber *eigentlich* haben wir es uns anders gedacht. Nämlich so: Entscheide, ob du mit deinem Gefühlsleben beginnst (S. 17), mit deinen Beziehungen (S. 33), mit deinem Draht zu Gott (S. 62), mit deinen Gewohnheiten (S. 74), einer Krise (S. 89), deinen persönlichen Herausforderungen (S. 95) oder deiner Berufung (S. 100). Springe direkt in das passende Kapitel.

Falls du auch das Notizbuch zum Herzenskompass besitzt, findest du dort eine Landkarte, auf der du deine Bewegungen in diesem Buch festhalten kannst. Damit behältst du leichter den Überblick. Du findest die Landkarte auch als Druckvorlage auf unserer Herzenskompass-Website:

www.derherzenskompass.de/notizen

Aber nun: Spring!

DEIN GEFÜHLSLEBEN ORDNEN MIT DEM HERZENSKOMPASS

Wer ein geordnetes Gefühlsleben hat, fühlt sich wohl und zu Hause in sich selbst. In ihr oder ihm wohnen viele angenehme Gefühle: Glück, Freude, Verbundenheit, Mitgefühl, Liebe – Entspannung, Gelassenheit, Geduld, ein Gefühl der Freiheit – Geborgenheit, Widerstandskraft, ein Gefühl von Stärke und Sicherheit. Ein geordnetes Gefühlsleben macht vieles im Leben leichter. Es gibt dir Energie für deine Aufgaben. Es macht dich zu einem angenehmen Menschen. Es hilft dir, großzügig und liebevoll zu sein. Außerdem kann man sich mit einem positiven Gefühlsleben besser auf Risiken einlassen. Denn Leben heißt auch: verletzt und enttäuscht werden, Frust erleben, Misserfolge einstecken müssen. Solchen Erfahrungen kannst du besser standhalten, wenn sie auf ein geordnetes Gefühlsleben treffen. Du wirst dann weniger Angst haben, dich auf tiefe Beziehungen und lohnende Herausforderungen einzulassen.

Der Herzenskompass ist natürlich keine Einladung, negative Gefühle zu verdrängen. Denn wer zum Beispiel etwas Trauriges erlebt, kann traurig sein und zugleich ein Grundgefühl von

Dankbarkeit und Freude über andere Dinge empfinden. Negative Gefühle werden in einem geordneten Gefühlsleben von positiven Gefühlen getragen. Sie werden ausgeglichen und manchmal auch verwandelt.

Wenn du in deinem Leben Gutes erlebt hast, trägst du schon viele positive Gefühle in dir. Dann sind es nur bestimmte Bereiche in deinem Gefühlsleben, die du mit dem Herzenskompass ordnen wirst. Vielleicht bist du sogar so behütet aufgewachsen, dass dir die Übung fehlt, mit den Härten und Schmerzen des Lebens umzugehen. Dann ist das dein Ausgangspunkt, um dich weiterzuentwickeln. Suche dir Härten und Schmerzen, indem du dich für andere einsetzt. Aber übertreibe es nicht.

Wenn du dagegen schon Schlimmes erlebt hast, begleiten dich heute negative Gefühle. Was du heute erlebst, verknüpft sich manchmal mit belastenden Erfahrungen und führt dann zu Angst, Misstrauen, Druck oder Enttäuschung. Diese Gefühle spiegeln deine Vergangenheit. Sie sind stärker, als sie heute sein müssten. Der Herzenskompass hilft dir, solche Gefühlsprägungen hinter dir zu lassen, und führt dich in ein Leben voller Liebe, Freiheit und Vertrauen. In kritischen Lebenssituationen benötigst du dafür vielleicht auch eine therapeutische oder seelsorgerliche Begleitung.

Was ist ein positives Gefühlsleben? Das ist von Mensch zu Mensch unterschiedlich. Es hängt von deiner Geschichte, deiner Persönlichkeit und deinen Zielen ab. Lege deshalb zu Beginn ganz persönliche Orientierungspunkte für deinen Herzenskompass fest.

Ausgangspunkte und Ziele für deinen Herzenskompass

In jeder der drei Grunderfahrungen Liebe, Freiheit und Vertrauen kannst du nun dein Gefühlsleben betrachten. Vielleicht möchtest du das gleich für alle drei Grunderfahrungen tun, vielleicht wendest du dich auch nur einer der drei Grunderfahrungen zu, die dich gerade am meisten interessiert oder betrifft. Dann überspringe einfach die anderen beiden. Den zweiten Gefühlsbereich Freiheit findest du auf S. 23, den dritten Gefühlsbereich Vertrauen auf S. 27.

Liebe

Der Gefühlsbereich Liebe ist geordnet, wenn folgende drei Dinge stimmen. Erstens erlebst du eine Befriedigung in den Beziehungen, die du gerade hast, in den Aufgaben, die sich dir stellen, und in den Dingen, mit denen du täglich in Berührung kommst. Vielleicht nennst du das Glück, Freude, Dankbarkeit, Erfüllung oder auch anders. Zweitens klingen solche befriedigenden Erfahrungen in dir nach und bestimmen auch dann noch dein Gefühlsleben, wenn du allein bist oder gerade nichts Besonderes erlebst. Du bist also nicht abhängig von der Zuneigung anderer und von befriedigenden Erlebnissen, weil sich ein Gefühl der Erfüllung und Liebe in dir verankert hat. Drittens hast du auch ein Mitgefühl für Menschen. Du empfindest auch ihnen gegenüber ein Gefühl der Großzügigkeit und Verbundenheit, vielleicht sogar gegenüber Menschen, die dir auf Anhieb gar nicht liebenswert erscheinen. Du spürst außerdem eine liebevolle Motivation, dich einzusetzen. Die hilft dir, auch langweilige oder frustrierende Aufgaben zu erledigen.

Vielleicht kannst du es dir noch besser vorstellen, wenn ich dir zwei Beispiele gebe. Ich (Jörg) bin ein eher introvertierter Mensch. Wenn bei mir der Gefühlsbereich Liebe stimmt, empfinde ich ein stilles Glück, eine Zufriedenheit mit mir und der Welt. Von allem, was ich wahrnehme, gehen dann weitere kleine Glücksimpulse aus, von dem Baum, den ich durch das Fenster sehe, von meinem Körper, wenn ich mich einfach nur bewege, oder von einem Tisch, der eine schöne Holzoberfläche hat. Ich fühle mich geliebt von den Menschen, mit denen ich zu tun habe, auch wenn sie mir gerade kein Zeichen von Zuneigung geben. Wenn ich an andere Menschen denke, empfinde ich Verbundenheit oder Mitgefühl und spüre einen Impuls, ihnen etwas Gutes zu tun. In meinem Körper spüre ich eine Zugewandtheit, ich empfinde wie mein Gesicht, als würde es sich über die Blicke oder ein Lächeln mit anderen verbinden, genauso fühlen sich mein Brustbereich und meine Hände an.

Ein extrovertierter Freund von mir würde es ganz anders beschreiben, wenn sein Gefühlsbereich Liebe stimmt: „Ich spüre viel Energie im Körper, bin etwas überdreht, aber auf eine gute Weise. Ich denke an gute Erlebnisse, die richtig intensiv waren, und es fühlt sich toll an. Außerdem freue ich mich auf die Begegnungen und Erlebnisse, die bald kommen. Dann komme ich innerlich zur Ruhe und fühle mich einfach wohl. Ich komme sozusagen bei mir selbst an. Wenn ich an andere denke, habe ich die vielen Erlebnisse vor Augen, die wir schon hatten. Ich sehe viele Möglichkeiten, was wir noch gemeinsam erleben, tun, aufbauen können. Ich habe Spaß bei der Vorstellung, dass ich andere vielleicht zu etwas mitreißen kann, das ihnen guttut, und ihnen helfen kann, ihre Möglichkeiten zu entdecken.“

Du siehst: Ein Gefühl von Liebe und Erfülltsein fühlt sich für jeden anders an. Du kannst es leichter für dich beschreiben, wenn du dir eine Situation in Erinnerung rufst, in der der Gefühlsbereich Liebe richtig gut war. Wähle dazu besser keine Situation, die zu außergewöhnlich ist und die man nur selten erlebt, zum Beispiel deinen ersten Kuss. Wähle eine Situation aus deinem alltäglichen Leben, in der du dich einmal wirklich erfüllt und voller Liebe gefühlt hast. Wie war das genau? Spürst du auch deine Körperempfindungen dabei? Halte hier deine Gefühle und Empfindungen fest.

So geht es mir, wenn mein Gefühlsbereich Liebe stimmt:

....

....

....

....

....

....

....

Deine Beschreibung muss nicht vollständig sein, du kannst sie später noch ergänzen. Nun gehen wir noch einen kleinen Schritt weiter. Vielleicht spürst du, dass du in diesem Bereich gerne noch etwas erreichen würdest, was du vielleicht noch nie erlebt hast. Unsere Lebensgeschichte und unsere Persönlichkeit schränken uns oft noch ein. Ich zum Beispiel habe als Kind gelernt, meine Gefühle zu kontrollieren. Wenn ich im Gefühlsbereich Liebe noch weiter wachse, werde ich noch intensivere Gefühle spüren. Ich werde vielleicht einmal vor Glück weinen oder auch die Bereitschaft spüren, mich anderen in meinen Gefühlen noch stärker zu zeigen. Das ergänze ich in meiner Beschreibung und mein Herzenskompass bekommt damit eine Zielrichtung, die über das hinausweist, was ich schon Gutes kenne.

Gibt es bei dir so etwas auch? Etwas, das sich andere in diesem Gefühlsbereich vielleicht von dir wünschen würden? Oder eine Ahnung, wohin Gott dich führen möchte, wozu er dich gerne freisetzen würde? Wenn dir etwas einfällt, ergänze es einfach in deiner Beschreibung.

Jetzt fragen wir noch umgekehrt: Wie sieht es in deinem Inneren aus, wenn der Gefühlsbereich Liebe nicht in Ordnung ist? In mir spielt dann das alte Lied der Rolling Stones in Dauerschleife: „I can't get no satisfaction". Ich bin wie abgetrennt von den Dingen, die mich sonst berühren und mir Freude machen. Mein Gehirn sucht nach Ersatzbefriedigungen. In Beziehungen bin ich distanziert und ziehe mich lieber zurück, besonders wenn andere etwas von mir wollen.

Mein extrovertierter Freund empfindet dagegen eine innere Leere, wenn sein Gefühlsbereich Liebe nicht stimmt. Er erlebt die Angst, etwas zu verpassen und leer auszugehen. Er hat den Impuls, sein Lebenstempo zu erhöhen, um mehr Gutes einzusammeln. Wenn er nicht aufpasst, verhält er sich in diesem Zustand in seinen Beziehungen fordernd.

Wie ist es bei dir?

So geht es mir, wenn mein Gefühlsbereich Liebe im Mangel ist:

....

....

....

....

Wenn dein Gefühlsbereich Liebe stimmt, befreit dich das von Abhängigkeiten. Im nächsten Gefühlsbereich geht es noch umfassender um Freiheit. Er berührt die Frage, wie frei du bist, auf deine ganz eigene Art und Weise nach deinen Überzeugungen und Prioritäten zu leben.

Freiheit

Was Freiheit angeht, ist dein Gefühlsleben in einer guten Ordnung, wenn du Folgendes erlebst: Du fühlst dich frei, die Person zu sein, die du wirklich bist. Das bedeutet natürlich nicht, dass du deine Bedürfnisse und Schwächen rücksichtslos auslebst. Aber du stehst zu deinen Gedanken und Gefühlen, auch wenn das nicht jedem gefällt. Du handelst nach deinen Werten, Überzeugungen und Zielen, auch wenn vielleicht etwas anderes von dir erwartet wird. Du fühlst dich innerlich frei, die Erwartungen anderer auch einmal zu enttäuschen, wenn es sein muss. Du hast ein gutes Gewissen. Schuldgefühle erlebst du nur, wenn du wirklich etwas getan hast, das nicht in Ordnung war. Natürlich gibt es auch äußere Zwänge in deinem Leben. Du musst Regeln einhalten und es gibt Menschen wie Lehrer, Ausbilder oder Vorgesetzte, die dir Anweisungen geben dürfen. Hier erlebst du eine innere Freiheit, dich unterzuordnen und zu dienen, auch wenn weder die Menschen noch die Regeln perfekt sind, denen du unterstellt bist. Du hast keine Angst vor Strafe oder vor der Macht anderer Menschen. Du fühlst dich auch dann stark und unabhängig, falls du einmal eine Regel nicht erfüllen oder einer Anweisung nicht genügen kannst. Die Nachteile oder Vorwürfe, die dich dann eventuell treffen, trägst du gelassen, weil du weißt, dass dich auf Dauer nichts und niemand von deinem Weg abbringen kann.

Auch die Freiheit, die ich hier beschrieben habe, erlebt jeder Mensch etwas anders. Ich (Jörg) zum Beispiel denke motiviert an alles, was ich noch alles entdecken und umsetzen kann. Ich spüre dann eine prickelnde, fröhliche Unruhe im Bauch. Mir kommen viele Ideen. Wenn ich an die Erwartungen denke, die andere an mich haben, zucke ich mit den Schultern. Ich willige mit einem Gefühl der Liebe in das ein, was ich für andere tun kann, und vertraue, dass andere damit klarkommen, wenn ich eine Erwartung oder Vorschrift nicht oder nur teilweise erfüllen kann. Strafen, Nachteile oder Konsequenzen, die ich schlimmstenfalls auf mich ziehe, erscheinen mir nicht so tragisch.

Eine gewissenhafte Freundin von mir fühlt sich dagegen frei, wenn ihr innerer Schweinehund ihr nicht in die Quere kommt und sie motiviert ist, ihre Pflichten zu erfüllen und für andere so da zu sein, wie sie es sich wünscht. Sie genießt den Gedanken an Sport, Urlaube und schöne Begegnungen – Zeiten, in denen sie von allen Pflichten befreit ist. Sie spürt in sich den Mut, auch einmal Nein zu sagen, wenn es sein muss.

Wie erlebst du es, wenn du wirklich frei bist? Denke dabei am besten an einen Moment in deinem alltäglichen Leben, in dem du Freiheit erlebt hast. Du kannst später noch andere Empfindungen ergänzen. Halte neben den Gefühlen von Freiheit auch die Körperempfindungen fest, die dein Gefühl von Freiheit begleiten.

....

....

....

....

....

....

....

Wenn du dein Gefühl von Freiheit festgehalten hast, überlege, wie es wohl aussehen könnte, wenn du noch freier wirst. Wenn ich das für mich überlege, fällt mir sofort ein, dass ich geizig mit meiner Zeit bin. Ich weiß selbst nicht genau, warum. Wenn mich jemand zwingt, Dinge auf eine umständliche und langwierige Weise zu erledigen, dann werde ich ungeduldig. Ich ertrage es nicht, wenn jemand meine Zeit vergeudet. Aber auch das gehört zu einer inneren Freiheit: für einen anderen, für eine gute Sache oder eine notwendige Verpflichtung Zeit verschwenden zu können. Andere würden mich dann geduldiger, weniger kritisch und verlässlicher erleben. Hier würde ich es deutlich merken, wenn mein Gefühlsleben noch mehr Freiheit gewinnt.

Wie ordnet sich dein Gefühlsleben, wenn du noch mehr Freiheit findest? Halte deine Gedanken dazu oben fest. Sie weisen dir eine gute Richtung.

Nun kannst du auch die andere Seite deiner Gefühlswelt beschreiben, nämlich wie es aussieht, wenn du dich unfrei und fremdbestimmt fühlst. Ich merke es zuerst an einem inneren Druck und einer abwehrenden Reaktion auf jede Art von Erwartung an mich. Aufgaben empfinde ich als Last, die mir andere auferlegen, und etwas in mir lehnt sich dagegen auf. Meine körperliche Energie sinkt, manchmal fühle ich mich wie gelähmt. Ich bin anfällig für Ablenkungen, die mir ein Gefühl von Freiheit und Selbstbestimmung geben.

Meine gewissenhafte Freundin dagegen schaltet in eine Art Funktioniermodus. Sie spürt sich selbst nicht mehr gut und tut ihre Pflicht. In diesem Zustand ist es schwer für sie, einmal Nein zu sagen, und sie kann sich nicht mehr gut abgrenzen. Sie wird von einer Angst davor bestimmt, welche Konsequenzen es haben könnte, wenn sie Pflichten nicht 100%-ig erledigt oder Erwartungen nicht erfüllt. Es sind nicht unbedingt konkrete Dinge, die sie befürchtet, eher eine diffuse Angst, Fehler zu machen, nicht zu genügen und dann von anderen oder vom Schicksal bestraft zu werden.

Wie ist es bei dir, wenn du dich unfrei und fremdbestimmt fühlst? Spüre dabei auch deine Körperempfindungen und halte sie hier fest.

....

....

....

....

....

....

....

Auch Fremdbestimmung ist von einem Gefühl der Angst begleitet. Es ist die Angst vor Strafen und Konsequenzen für den Fall, dass man den Erwartungen anderer nicht genügt oder sich ihnen sogar bewusst entzieht. Im Gefühlsbereich Vertrauen wird die Angst noch existenzieller. Hier stehen die Lebensgrundlagen, die wichtigsten Beziehungen und nicht zuletzt der Selbstwert auf dem Spiel.

Vertrauen

Im Gefühlsbereich Vertrauen geht es um Sicherheit. Die fühlen wir natürlich, wenn keine Gefahren da sind oder wenn wir gut geschützt sind. Manchmal benötigen wir aber eine Sicherheit, die aus dem Vertrauen wächst. Dann wissen wir um die Risiken, denen wir uns aussetzen. Wir ahnen, dass wir Verletzungen oder vielleicht einen Schaden aushalten müssen, aber wir spüren auch unsere innere Stärke. Wir vertrauen, dass Verletzungen heilen und wir trotz Nachteilen unsere Ziele erreichen werden. Vertrauen macht ruhig und gelassen. Es bewirkt eine innere Sicherheit. Deine Gedanken fließen frei. Deine Gefühle zeigen sich offen. Du sprichst an, was zu sagen ist, und du packst an, was zu tun ist.

Wenn mein (Jörgs) Gefühlsbereich Vertrauen in Ordnung ist, dann empfinde ich eine Sicherheit und Ruhe irgendwo ganz tief in meinem Inneren. Ich spüre, dass mich niemand aufhalten kann und dass ich eine unendliche Ausdauer habe, das zu verfolgen, was mir wichtig ist. (Ob das in allen Fällen realistisch ist, das ist natürlich eine andere Frage, hier geht es aber nur um das Gefühl.) Ich bin dann gerne in Berührung mit Menschen. Gefährliche Menschen machen mir keine Angst, auch Menschen, die manchmal emotional unbeherrscht, rücksichtslos oder aggressiv sind. Ich kann aber auch gut allein sein und fühle mich geborgen. Mein Körper ist entspannt, er fühlt sich in angenehmer Weise schwer an und ist wie mit Energie geladen.

Eine andere Person, die ich kenne, bemerkt Vertrauen vor allem an einer inneren Lebendigkeit und Ausgelassenheit. Sie erlebt Freude, reagiert humorvoll und spontan. Sie fühlt sich souverän in dem Sinne, dass sie sich zutraut, auch auf Schwierigkeiten oder die Schwächen anderer Menschen gut zu reagieren. Sie empfindet eine Art positiver Gleichgültigkeit gegenüber möglichen Blamagen oder Pannen: „Na und? Irgendwie geht es schon weiter." In ihrem Körper spürt sie dann manchmal einen Tatendrang, manchmal nur eine wohlige Entspannung.

Wie ist es bei dir, wenn du dich sicher und voller Vertrauen fühlst? Halte es hier fest, am besten denkst du dabei an eine Situation aus deinem Alltag, in der du dich sicher fühlst. Halte auch deine Körperempfindungen fest, wenn du sie spürst und in Worte fassen kannst.

....

....

....

....

....

....

....

Jetzt überlege, wie es sein wird, wenn dein Vertrauen noch weiter zunimmt. Mir fällt da gleich etwas ein. Manchen Menschen entziehe ich sofort mein Vertrauen, wenn ich ein paar beunruhigende Beobachtungen gemacht habe. Zum Beispiel reagiere ich auf Unehrlichkeit, Egoismus oder Vereinnahmung mit einer inneren Abwendung. Ich begegne Menschen dann nur noch in einer strikten Unabhängigkeit: Ich kann ihnen noch freundlich begegnen oder mit ihnen zusammenarbeiten. Doch ich erwarte nichts von ihnen und vertraue ihnen auch nichts an. Das schützt mich. Aber manchmal schränkt es mich auch ein. Denn verändern und auf positive Wege einlassen können sich weniger vertrauenswürdige Menschen nur, wenn ihnen jemand ein Vorschussvertrauen schenkt und sich verletzbar macht. Hier kann ich mich auf meinem Weg mit dem Herzenskompass noch entwickeln.

Wie könnte es bei dir sein, wenn dein Vertrauen noch zunimmt? Halte deine Gedanken dazu fest, indem du die positive Liste oben ergänzt.

Nun beschreibe auch den anderen Pol auf deinem Herzenskompass. Wie fühlst du dich, wenn du deine Sicherheit und dein Vertrauen verlierst? Ich bin dann angespannt. Die bedrohliche Sache nimmt mich gefangen und kreist in meinen Gedanken, als ob mein Gehirn ängstlich nach einer Lösung suchen würde, die die Gefahr aus der Welt schafft. Ich werde dünnhäutig und empfindlich. Schon kleine Schwierigkeiten, die sich mir in den Weg stellen, kommen mir wie Schicksalsschläge vor. Ich sehne mich nach einem Rückzug und überlege, wie ich Aufgaben und Verantwortungsbereiche abschütteln könnte. Es ist vor allem Angst, die ich erlebe. Nicht nur die eine Sache, die wirklich bedrohlich und unangenehm werden könnte, beschäftigt mich. Die Angst springt über und lässt auch anderes bedrohlich erscheinen, was mich sonst nicht beunruhigt. Meine Beziehungen beurteile ich dann vor allem von der Frage her, ob andere für mich da sind und mir einen Rückhalt geben. Weil andere von diesem Bedürfnis nichts wissen und sich so wie immer verhalten, geben sie mir manchmal Gründe, an ihrer Verlässlichkeit zu zweifeln.

Die andere Person, die mir hier als Beispiel dient, fühlt sich beklemmt und gehemmt, wenn sie ihre Sicherheit verliert. Sie wird vorsichtig und öffnet sich weniger. Sie verhält sich anderen gegenüber sachlich und verstandesbetont, obwohl sie eigentlich besonders jetzt die Nähe und Verbindung zu anderen Menschen bräuchte. Ihr natürlicher Optimismus zieht sich zurück und gibt pessimistischen Gedanken Raum. Sie spürt sich selbst weniger und ihr Körper fühlt sich steif und unbeweglich an. Tatsächlich passieren ihr auch mehr Missgeschicke, sie verlegt wichtige Gegenstände, stößt Gegenstände um oder lässt sie fallen.

Wie sieht es bei dir aus, wenn dir Sicherheit und Vertrauen fehlen? Halte hier deine Gefühle, typische Gedanken, Verhaltensweisen und Körperempfindungen fest.

....

....

....

....

....

....

....

Mit dem Herzenskompass deine Gefühle ordnen

Nun kannst du mit dem Herzenskompass sehen, wo du gerade in deinem Gefühlsleben stehst. Du bist entweder im Mangel oder von Liebe erfüllt, meistens aber irgendwo dazwischen; in Fremdbestimmung oder Freiheit, in Angst oder Vertrauen, sicher meist aber auch irgendwo dazwischen. Außerdem kannst du dich auf dein Ziel ausrichten, nämlich auf einen positiveren

Gefühlszustand. Selbst wenn es dir einmal richtig gut geht in einem der drei Gefühlsbereiche, hast du vielleicht beschrieben, wie du hier noch weiter wachsen kannst. Dein Kompass zeigt in die Richtung, in der du weitergehen kannst. Nun mach dich auf den Weg!

Vielleicht neigst du zur Verdrängung von Gefühlen oder bist von Menschen geprägt, die abwehrend auf Gefühle reagieren. Dann lass uns noch einmal betonen: Der Herzenskompass ist kein Werkzeug, um negative Gefühle zu beseitigen. Sie gehören zum Menschsein. Trauer, Schmerz, Sehnsucht, Scham oder Unbehagen sind in manchen Situationen gut und richtig. Solche Gefühle darf man nicht bekämpfen. Du würdest deine Lebendigkeit, deine menschliche Reife und innere Stärke verlieren, wenn du dich von deinen Gefühlen abschneiden würdest. Du kannst aber auch mit unangenehmen Gefühlen Erfahrungen machen, die dich stärken. Du kannst zum Beispiel Trost finden, wenn du traurig bist, oder ein neues Selbstbewusstsein spüren, obwohl dich jemand beschämt hat.

Mit welchem Gefühlsbereich möchtest du dich befassen? Wo würde es dir gerade guttun, dein Gefühlsleben zu ordnen? Du kannst dir alle drei Gefühlsbereiche nacheinander vornehmen oder einen auswählen.

Nun lies deine Beschreibungen für diesen Gefühlsbereich. Vermutlich bist du gerade irgendwo zwischen einem ungeordneten und geordneten Gefühlsleben. Spüre genau, wie es dir hier gerade geht. Was brauchst du? Wohin möchtest du dich bewegen?

Halte nun das, was dir auffällt, in einer Frage fest. Zum Beispiel so:

- Wie kann ich gerade mehr innere Ruhe finden?
- Wie kann ich über die Verletzung hinwegkommen, die mir Manuel gestern zugefügt hat?
- Gott, wie kann ich mich heute liebevoll verhalten, obwohl ich so frustriert bin?

Nimm nun deine Frage in eine geistliche Übung aus dem zweiten Teil des Buches mit.

BEZIEHUNGEN LEBEN MIT DEM HERZENSKOMPASS

Glück bedeutet für die meisten: Ich habe Menschen in meiner Nähe, die ich liebe und die mich lieben, mit denen ich Spaß haben kann und für die ich mich gerne einsetze. Erfolg bedeutet: Andere schätzen meine Arbeit und ich bin mit den richtigen Personen vernetzt, damit ich unter den besten Bedingungen und mit den besten Ergebnissen arbeiten kann.

Mit anderen Worten: Beziehungen sind fast alles. Deshalb wirst du den Herzenskompass vermutlich auch einsetzen, um deine Beziehungen auf einen guten Kurs zu bringen.

Doch bevor du weiterliest, prüfe kurz, ob du in diesem Kapitel richtig bist. Denn manchmal bringt uns jemand mit Verhaltensweisen aus dem Gleichgewicht, die mit etwas Abstand betrachtet gar nicht so schlimm sind. Die Beziehung ist gut, aber irgendetwas, das wir erleben, trifft offenbar auf einen wunden Punkt von uns. Dann geht es mehr um unser Gefühlsleben als um die Beziehung. Wir würden es sogar unnötig kompliziert machen, wenn wir von unserem Gefühl auf ein Beziehungsproblem schließen. Besser springst du in einem solchen Fall zum Kapitel „Dein Gefühlsleben ordnen mit dem Herzenskompass" (S.17).

Damit du den Herzenskompass für deine Beziehungen einsetzen kannst, musst du zuerst deinen Ausgangspunkt und dein Ziel bestimmen. Wir tun das für jede der drei Grunderfahrungen. Du kannst aber auch eine der drei auswählen und damit beginnen.

Mangel und Liebe

Erinnere dich an Beziehungen und schöne Begegnungen, in denen du dich geliebt, angenommen, lebendig, innerlich erfüllt und glücklich gefühlt hast. Wie geht es dir da genau? Das ist für jeden etwas anders. Schreibe hier auf, wie es für dich ist, dich in einer Beziehung geliebt, erfüllt und glücklich zu fühlen. Wenn du deine Körperempfindungen dabei wahrnehmen kannst, dann halte auch sie fest.

....

....

....

....

....

....

Jetzt beschreiben wir auch das Gegenteil. Denke an eine Beziehung oder eine Begegnung, in der du dich frustriert, unverstanden, alleingelassen, abgelehnt oder missachtet gefühlt hast. Wie ist es für dich genau, wenn dir in einer Beziehung etwas Wichtiges fehlt und du einen Mangel erlebst? Auch das kannst du hier festhalten.

....

....

....

....

....

....

....

Vielleicht möchtest du deine Beziehungen eine Zeit lang beobachten. Dann fällt dir immer mehr auf, was dir guttut, aber auch, was dir manchmal fehlt. Das kannst du dann später noch eintragen.

Selbst unsere schönsten Bindungen und auch die beste Zusammenarbeit brauchen Freiheit. Denn jeder Mensch ist einzigartig in seiner Persönlichkeit, seinen Lebensaufgaben und Zielen. Deshalb gehört auch der nächste Abschnitt zu gelingenden Beziehungen.

Fremdbestimmung und Freiheit

Erinnere dich an Beziehungen und Begegnungen, in denen du dich frei gefühlt hast: frei, so zu sein, wie du wirklich bist; frei, deine eigenen Wege zu gehen; frei, Dinge auf deine Weise zu sehen und anzupacken. In einer guten Beziehung unterstützt uns der andere, unsere Freiheit einzunehmen und sie auf gute Weise zu nutzen. Wie fühlst du dich, wenn du eine solche Beziehung oder Begegnung erlebst? Vielleicht nimmst du auch wahr, welche Körperempfindungen du dabei hast. Halte hier fest, was dein ganz persönliches Gefühl von Freiheit ausmacht.

....

....

....

....

....

....

....

Denke nun umgekehrt auch an Beziehungen und Begegnungen, in denen du dich gezwungen, unfrei und unter Druck gefühlt hast. Wie ist das genau für dich? Wie genau fühlst du dich? Vielleicht kannst du auch spüren, wie sich dein Körper in dieser Situation anfühlt. Halte hier fest, was dein persönliches Gefühl von Druck und Fremdbestimmung am besten beschreibt.

Frei fühlen wir uns in unseren Beziehungen, wenn wir einerseits Erwartungen auch einmal enttäuschen dürfen und andererseits Verpflichtungen auf uns nehmen, nicht weil wir gezwungen werden, sondern weil uns ein anderer wichtig ist oder weil es unseren Werten entspricht. So finden wir ein Gleichgewicht zwischen Selbstbestimmung und einer freiwilligen Verlässlichkeit. In ähnlicher Weise müssen wir unser Vertrauen ausbalancieren zwischen einer gesunden Wachsamkeit und einer Verletzbarkeit, ohne die keine Beziehung und keine Zusammenarbeit gelingen können.

 Bedrohung und Vertrauen

Lass vor deinem inneren Auge die Menschen auftauchen, in deren Gegenwart du dich sicher fühlst, bei denen du dich öffnen kannst und die dich in deinem Vertrauen ins Leben stärken. Solche Menschen sind auch für dich da, wenn du dich einmal blamierst oder wenn etwas schiefgeht. Die Begegnung mit ihnen stärkt dich außerdem so, dass du auch Verletzungen oder Verluste bewältigen kannst. Wie fühlst du dich genau, wenn du solche Beziehungen und Begegnungen erlebst? Wie fühlt sich dein Körper an? Halte dein persönliches Gefühl von Vertrauen und Sicherheit hier fest.

....

....

....

....

....

....

....

Und nun erinnere dich auch an Beziehungen, in denen du das Gegenteil erlebt hast. Wie ist es, wenn du dich von anderen Menschen bedroht oder dich unsicher fühlst, weil du Verletzungen, Beschämung, Ablehnung, einen Beziehungsabbruch, Manipulation, Ausgenutztwerden oder Rache fürchten musst. Auch solche Situationen fühlen sich für jeden Menschen etwas anders an. Halte hier fest, wie es bei dir ist, welche Gefühle, Gedanken und Körperempfindungen du dabei hast.

Manche Menschen hatten schlechte Startbedingungen im Leben. Sie haben keine guten Beziehungen erfahren. Die wichtigen Bezugspersonen ihrer Kindheit konnten nicht gut für sie da sein. Und weil sie nie erfahren haben, wie man gute Beziehungen aufbaut, sind auch im späteren Leben kaum gute Bindungen entstanden. Gehörst du zu diesen Menschen? Dann ist es schwierig, die positive Richtung für deinen Herzenskompass einzustellen. Dann halte Erfahrungen fest, durch die du dich am ehesten geliebt, frei und in deinem Vertrauen gestärkt gefühlt hast. Nutze deine Vorstellungskraft: Wenn du Beziehungen findest und aufbaust, in denen du dich geliebt und erfüllt fühlst, wie wird es dann vermutlich sein? Wie, wenn du dich frei und in deiner Freiheit unterstützt fühlst? Wie, wenn du dich sicher und stark fühlst? Hast du in den Beziehungen anderer Menschen schon beobachtet, was du dir wünschst? Halte diese Annäherungen als Ziele für deine Beziehungen fest, auch wenn sich dein Bild guter Beziehungen im Lauf der Zeit noch etwas verändern wird.

Nun hast du die Ausgangspunkte und Ziele für deinen Herzenskompass gefunden und kannst ihn für deine Beziehungen nutzen. In den folgenden Abschnitten entdeckst du verschiedene Möglichkeiten dazu.

Finde heraus, wer zu deinem Leben gehören und wer dir nahe sein darf

Niemand sollte in Beziehungen leben, die ihn zu sehr frustrieren, unter Druck setzen oder bedrohen. Wie viel Frust, Zwang oder Unsicherheit wir aushalten, liegt auch an unserer Persönlichkeit und unserer Geschichte. Ich (Jörg) bin in einem Elternhaus aufgewachsen, in dem Einfühlung und eine warmherzige Zuwendung gefehlt haben. Der Umgang mit unterkühlten, nicht einfühlsamen und selbstbezogenen Menschen kann mich auch heute noch aus dem Gleichgewicht bringen. Deshalb lasse ich solche Menschen nicht mehr in mein persönliches Umfeld. Natürlich kann ich Begegnungen mit ihnen nicht ganz vermeiden, aber dann wahre ich einen inneren Abstand. (Vielleicht fragst du dich, was ich mache, wenn Menschen zu mir in die Praxis kommen, die sich unterkühlt und nicht einfühlsam verhalten. Das ist aber kein Problem. Denn mit den Mitteln der Psychotherapie entsteht schnell eine positive therapeutische Beziehung, die auch für mich angenehm ist.) Mit Menschen dagegen, die andere unter Druck setzen können, komme ich ganz gut klar. Auch mit impulsiven und aggressiven Menschen, die man bedrohlich finden könnte, fühle ich mich in der Regel wohl. Mit anderen Worten: Im Beziehungsfeld Mangel muss ich gut auf mich achten, während ich in den Beziehungsfeldern Fremdbestimmung und Bedrohung belastbarer bin.

Wie ist das bei dir? Lebe doch einmal für ein paar Wochen mit dieser Frage: Was zeigt mein Herzenskompass bei den Men schen an, mit denen ich Umgang habe und die zu meinem Leben gehören? Und welche Folgen könnte das haben, was ich auf meinem Herzenskompass ablese? Vielleicht erkennst du, dass du eine Beziehung loslassen solltest. Oder dass es besser wäre, einen inneren Abstand einzunehmen und die Beziehung im guten Sinne oberflächlicher werden zu lassen. Du kannst mehr Abstand einnehmen und trotzdem wertschätzend, freundlich und unterstützend sein. Plötzlich wirst du aufmerksamer für Menschen in deinem Umfeld, die dir guttun. Vielleicht kannst du deren Freundschaft gewinnen.

Das Loslassen einer Beziehung ist nicht einfach. Denn zum einen magst du die Person ja und es ist immer traurig, sich aus einer Beziehung zurückzuziehen. Außerdem riskierst du beim Loslassen einen Mangel, Druck oder sogar gefährliche Situationen. Vielleicht wird dir etwas fehlen, wenn du eine Beziehung loslässt oder mehr Abstand herstellst. Diesen Mangel kannst du dann auf einen Weg in dem zweiten Teil des Buches mitnehmen, zum Beispiel als Frage: „Wie komme ich über das hinweg, was mir fehlt, wenn ich mich nicht mehr mit Sibylle verabrede?" Oder: „Wie gehe ich mit meiner Traurigkeit um, dass mit Sibylle nicht die Beziehung entstanden ist, die ich mir gewünscht habe?"

Außerdem wird es nicht jeder kampflos zulassen, dass du dich aus einer Beziehung zurückziehst. Diejenige oder derjenige wird dich vielleicht hinterfragen, bedrängen oder dich zurück in die Beziehung ziehen wollen. In diesem Fall nimm den Druck und die Fremdbestimmung mit auf einen Weg im zweiten Teil des Buches. Du könntest dir die Frage stellen: „Was mache ich, wenn Sibylle nicht akzeptiert, dass ich die Beziehung auslaufen lassen möchte?"

Bedrohlich wird das Loslassen von Beziehungen, wenn du fürchten musst, dass dich ein anderer dafür bestraft, z. B. durch schlechtes Reden oder Ausgrenzung. Außerdem könntest du ein schlechtes Gewissen haben. Schuldgefühle ordne ich dem Beziehungsfeld Bedrohung zu. Denn Schuldgefühle gehen oft mit dem Gefühl einher, dass man etwas Böses getan hat und dafür vielleicht (vom Schicksal, von Gott, von anderen?) bestraft wird. Wenn das Loslassen von Beziehungen bedrohlich wird, dann nimm diese Angst mit auf einen Weg im zweiten Teil des Buches. Du könntest dir dabei die folgenden Fragen stellen: „Wie finde ich ein gutes Gewissen?" – „Wie kann ich damit umgehen, wenn ich wirklich einen Preis für das Loslassen der Beziehung bezahlen muss, weil ein anderer mich dafür bestraft?"

Manchmal geht es allerdings nicht um das Loslassen. Ein Frust, ein Druck oder eine Bedrohung in einer Beziehung sind zwar so schlimm, dass man dringend Abstand bräuchte. Doch das geht nicht so einfach, weil die Person ein wichtiger Kunde ist oder eine Kollegin, der Chef oder jemand aus der Familie. Dann hilft Folgendes. Oft kann man recht unauffällig den Abstand vergrößern, indem man mit der Person etwas weniger Zeit verbringt, etwas weniger offen spricht oder etwas weniger intensiv zusammenarbeitet. Außerdem findest du einen inneren Abstand, wenn du die Hoffnungen an die schwierige Person loslässt. Wünschst du dir, dass sie auf deine Bedürfnisse eingeht, deine Freiheit respektiert oder Rücksicht auf dich nimmt? Lass diese Wünsche los, wenn sie unrealistisch sind. Zur Not kannst du mit dem Herzenskompass einen Mangel ausgleichen, dir die nötige innere Freiheit nehmen und auch unter unsicheren Bedingungen eine innere Stärke und Geborgenheit erleben. Nimm das dann als Frage in die geistlichen Übungen mit, z. B.: Wie kann ich mir trotz der starken Kontrollen meines Chefs Freiheit nehmen und aus einer inneren Freiheit meine Pflichten fröhlich erfüllen?

Weil das schwierige und vielschichtige Situationen sind, lass dir genug Zeit, um Schritt für Schritt einen guten Weg zu finden. In Extremsituationen muss man prüfen, ob man wegen einer belastenden Beziehung einen guten Job aufgibt, sich von einem Familienmitglied zurückzieht oder die Trennung in einer Paarbeziehung erwägt. Das sollte niemand ohne eine gute Begleitung tun. Aber der Herzenskompass kann dich in den Fragen begleiten, die sich dir dabei stellen. Zum Beispiel: Wie soll ich die Niederlage verkraften, dass ich nur wegen einem schlimmen Chef einen guten Job wechseln und vielleicht Nachteile in Kauf nehmen muss?

Manche machen eine erschreckende Entdeckung: „Mir war es nicht bewusst, aber ich bin umgeben von Menschen, die überhaupt nicht fürsorglich, einfühlsam und warmherzig sind. Ich scheine solche Menschen geradezu anzuziehen. Natürlich gibt es auch warmherzige, großzügige und unterstützende Menschen in meinem Umfeld. Aber irgendwie bin ich nie auf sie zugegangen und habe mich nie um ihre Freundschaft bemüht. Ich verstehe selbst nicht, warum." Das Gleiche kann einem mit bestimmenden oder bedrohlichen Menschen passieren.

Es gibt unbewusste Anziehungskräfte, die Fachleute fatal attraction (verhängnisvolle Anziehung) nennen. Menschen suchen das, was ihnen aus der Kindheit vertraut ist, selbst wenn es ihnen nicht gutgetan hat. Sie haben manchmal die Hoffnung, eine frustrierende Beziehung doch noch in eine erfüllende Beziehung zu verwandeln. Das würde Wunden aus der Kindheit heilen und einen alten Schmerz stillen. Leider funktioniert das fast nie. Stattdessen wiederholen sich schmerzhafte Situationen, die man eigentlich nie mehr erleben wollte. Außerdem spüren es andere, wie du geprägt bist. Sie nehmen es wahr, wenn du zum Beispiel bereit bist, in Beziehungen viel mehr zu geben, als du bekommst. Damit wirst du zum Magneten für bedürftige Menschen, die nicht viel geben können oder wollen. Wer so etwas bei sich erkennt, ist natürlich erst mal geschockt. Aber darin liegt auch eine Chance für einen Neubeginn.

Wenn du Beziehungen loslassen musst, willst du natürlich auch neue, schönere Beziehungen aufbauen. Dabei wirst du – du ahnst es schon – Gefühlen von Mangel, Fremdbestimmung und Angst begegnen:

Wo du dich um Freundschaft oder eine intensivere Zusammenarbeit bemühst, machst du dich verletzbar und riskierst eine Zurückweisung. Ich (Jörg) habe im Lauf meines Lebens unglaublich schöne Freundschaften gewonnen. Aber auf jeden Freund, den ich gewonnen habe, kommen etwa zwei Menschen, um deren Freundschaft ich mich vergeblich bemüht habe. Mit der Traurigkeit darüber, mit der Kränkung und Enttäuschung musste ich fertig werden. Manche haben vor solchen Gefühlen so viel Angst, dass sie sich lieber nicht aktiv um die Freundschaft anderer bemühen. Aber besser ist natürlich, die Kränkung und Enttäuschung (Gefühle des Mangels) zu riskieren. Dabei hilft dir der Herzenskompass. Wenn es dir schwerfällt, auf jemanden zuzugehen, dann stärke dich mit einem Weg im zweiten Teil des Buches. Fasse deine Befürchtungen in eine Frage und bewege sie in dem Erfahrungsraum, den dir der Herzenskompass im zweiten Teil eröffnet.

Auf deinem Weg mit dem Herzenskompass wirst du außerdem tiefere Bindungen eingehen. Doch Bindungen verpflichten. Einem Freund „muss" ich zum Beispiel bei einem Umzug helfen oder in einer Krise beistehen, sonst wäre ich ein jämmerlicher Freund. Wenn du empfindsam für Druck bist, könnten sich solche Verpflichtungen einengend anfühlen. Oder du empfindest deine Verpflichtungen übertrieben, denn auch als guter Freund kann ich abwägen, wie viel Zeit und Kraft mir zur Verfügung stehen, um bei einem Umzug zu helfen. In guten Beziehungen ist die Angst vor einem Freiheitsverlust übertrieben. Trotzdem kann sie dich daran hindern, tiefe Bindungen einzugehen. Dann nimm diesen Druck in deinen weiteren Weg mit dem Herzenskompass mit.

Gute Beziehungen machen dich auch verletzbar und führen dich deshalb auf das Beziehungsfeld Angst. Denn du öffnest dich und zeigst immer mehr von dir. Der andere wird dir wichtiger und ein Missverständnis oder eine Unaufmerksamkeit können dich dann treffen. Auch wenn du eine Beziehung verlierst, weil der andere zum Beispiel umzieht, trifft dich das in einer guten Beziehung mehr als in einer oberflächlichen. Aber solltest du deswegen auf gute Beziehungen und tiefe Bindungen verzichten? Nimm deine Angst lieber mit auf einen Weg, den dir der Herzenskompass weist.

In diesem ersten, langen Abschnitt hast du eine Möglichkeit kennengelernt, wie sich deine Beziehungen in einer guten Weise entwickeln können. Du bestimmst bewusster, wer dir nahe sein darf und mit welchen Menschen du dein Leben teilen willst. Dabei kann dich das Loslassen oder Loswerden von Menschen vor Herausforderungen stellen, aber auch das Gewinnen neuer Beziehungen. Bei diesen Herausforderungen musst du unter Umständen einem Mangel, einem Druck oder einer bedrohlichen Situation standhalten. Dabei helfen dir die geistlichen Übungen im zweiten Teil des Buches. Mit dem nächsten Abschnitt gelangst du von der Frage, mit wem du Beziehungen eingehst, zur Frage, wie du Beziehungen lebst.

Überwinde deine Beziehungsschwächen mit dem Herzenskompass

Sieh dir nun noch einmal oben die Ausgangspunkte und Ziele in deinem Herzenskompass an: Hast du auch beschrieben, was du gibst, wenn eine Beziehung von Liebe, Freiheit und Vertrauen erfüllt ist? Falls das noch fehlt, kannst du es noch ergänzen. In liebevollen Beziehungen wirst du dich großzügig, wertschätzend, aufmerksam, fürsorglich usw. verhalten. Eine gute Beziehung setzt einen Kreislauf liebevoller Verhaltensweisen in Gang. In einer freien Beziehung wirst du den anderen unterstützen, zu sich zu stehen und den eigenen Weg zu finden. Du wirst annehmen, manchmal auch ertragen, dass ein anderer ganz anders denkt und fühlt als du. Du wirst gerade das bereichernd finden, auch wenn es dich vielleicht herausfordert. Und schließlich haben auch vertrauensvolle Beziehungen ihre besondere Qualität: Du gibst einem anderen Sicherheit, indem du nicht über ihn redest, vertrauliche Dinge für dich behältst, behutsam bist, wo eine andere Person ihre Schwächen hat. Außerdem entschuldigst du dich, wenn du den anderen verletzt, enttäuscht, beschämt, im Stich gelassen oder unter Druck gesetzt hast. Du bemerkst, wo jemand deinen Rückhalt braucht, und bist für ihn da.

So etwa beschreiben es Menschen, wenn sie liebevolle, freie und vertrauensvolle Beziehungen leben. Trotzdem schenkt jeder auf seine ganz persönliche Weise Liebe, Freiheit und Sicherheit. Du kannst nun oben bei den Ausgangspunkten und Zielen deines Herzenskompasses festhalten, wie du es genau tust.

Umgekehrt kannst du auch erkennen, wann du dich nicht liebevoll, freisetzend und vertrauenswürdig verhältst. Damit sind wir bei den Verhaltensweisen, die deine Beziehungen belasten. Wenn du deine Schwächen kennst und überwindest, werden deine Beziehungen tiefer, lebendiger und reifer. Weil wir alle Menschen sind, wird uns das nicht perfekt gelingen. Aber wenn du deine Schwächen erkennst, sie korrigierst und dich gegebenenfalls entschuldigst, wirst du in deinen Beziehungen ein Glück und eine Kraft erleben, die du dir vielleicht noch gar nicht vorstellen kannst. Zu manchen Menschen wirst du überhaupt erst einen Zugang bekommen, wenn du dich in deiner Beziehungsfähigkeit weiterentwickelst.

Schaue dir in deinen Notizen oben noch mal an, wie du Beziehungen leben möchtest. Dann überlege, was genau passiert, wenn dir das einmal nicht gelingt. Welche Verhaltensweisen führen dazu, dass du nicht die Liebe, die Freiheit und das Vertrauen schenkst, die du anderen gerne geben würdest?

Meine (Jörgs) Schwächen sehen so aus:

Liebe: Ich ziehe mich manchmal innerlich zurück und wirke dann in verletzender Weise distanziert.

Freiheit: Ich kann sehr kritisch sein und andere damit unter Druck setzen; außerdem trete ich manchmal bedrohlich und einschüchternd auf, wenn ich auf Widerstand stoße.

Vertrauen: In meinen überkritischen Momenten belaste ich das Selbstwertgefühl anderer und verunsichere sie.

Du kannst dir vorstellen, dass diese Schwächen meine Beziehungen schon belastet haben. Sie haben mir vermutlich auch schon den Zugang zu anderen Menschen verbaut.

Welche Schwächen belasten deine Beziehungen? Du kannst sie nun aufschreiben, soweit sie dir schon bewusst sind. Achte dabei aber darauf, dass es wirklich um deine Schwächen geht und nicht um etwas, das dir jemand vielleicht einmal vorgeworfen hat und das gar nicht stimmt. Wenn ein anderer zum Beispiel übertriebene Erwartungen an dich hat und du die Erwartungen nicht erfüllen kannst, ist das natürlich keine Schwäche. Eine echte Schwäche zeigt sich in fast allen deinen Beziehungen und über verschiedene Phasen deines Lebens hinweg.

🌷 Liebe

....

....

....

◁ Freiheit

....

....

....

🤝 Vertrauen

....

....

....

Es gibt viele Ansätze, wie man seine Schwächen überwinden kann. Einer hat sich in der Psychotherapieforschung als besonders erfolgreich erwiesen. Er besteht aus drei Schritten:

1. Stelle dich einer Herausforderung, die normalerweise dein Verhalten auslöst, das du gerne überwinden würdest.
2. Zwinge dich, dein Verhalten zu unterdrücken oder ein anderes, besseres Verhalten zu zeigen.

3. Bewältige nun aktiv die unangenehmen Gefühle, die das auslöst.

Wenn ich mich zum Beispiel in kritischen Momenten zwinge, meine emotionale Distanz aufzugeben und Nähe zuzulassen, dann packt mich die Angst. Ich möchte mich vom andern nicht verletzen, beschämen, ausnutzen oder vereinnahmen lassen. Diese Angst kann ich dann auf die Wege im zweiten Teil des Buches mitnehmen. Gott berührt meine Angst und verwandelt sie manchmal. Er bereitet mich stärkend auf Situationen vor, die ich als bedrohlich empfinde.

Wenn du auch einen Weg gehen willst, auf dem du deine Schwächen überwindest, dann wähle erst einmal nur eine Schwäche aus, der du dich stellen willst. Vielleicht wählst du die Schwäche, von der du glaubst, dass sie deine Beziehungen am meisten einschränkt. Vielleicht wählst du für den Anfang auch eine Schwäche, deren Überwindung dir nicht allzu schwierig erscheint.

Welches Gefühl wird dir begegnen, wenn du nicht das ungute Verhalten zeigst, sondern dich auch in dieser Situation liebevoll, Freiheit gebend oder vertrauenswürdig verhältst? Nimm dieses Gefühl auf einen Weg mit, den dir der Herzenskompass im zweiten Teil dieses Buches zeigt. So kannst du eine herausfordernde Situation vorbereiten oder Gott nach einer Situation, die dich vielleicht noch überfordert hat, für dich sorgen lassen.

Werde eine Persönlichkeit, die viel zu geben hat

Wir können nur geben, was wir empfangen haben. Das gilt schon für unsere Lebensgeschichte. Nur wer geliebt wurde, kann auch lieben. Wer aus einem lieblosen Elternhaus kommt, braucht andere liebevolle Beziehungen, um die eigene Liebesfähigkeit zu wecken. Das gilt auch spirituell: Erst wo wir zu Gottes Quellen von Liebe, Freiheit und Vertrauen finden, werden wir zu Menschen, die viel zu geben haben.

Wenn du dich hier auf den Weg machen möchtest, dann lebe für eine Weile intensiv mit der grundlegenden geistlichen Übung „Achtsam werden für Berührungen von Gott" (S. 120). Die Kapitel „Dein Gefühlsleben ordnen" (S. 17) und „Den Draht zu Gott halten" (S. 62) unterstützen dich dabei. Denn hier geht es vor allem darum, dich an gute Quellen anzuschließen, aus denen du auch für deine Beziehungen schöpfen kannst.

In diesem Kapitel haben wir nun schon einiges bewegt, was Beziehungen gelingen lässt: Wie du das richtige Maß an Nähe zu anderen findest, wie du deine Beziehungsschwächen überwindest und was dich zu einem Menschen macht, der viel zu geben hat. Im letzten Abschnitt kommst du dem Geheimnis auf die Spur, dass du in deinen Beziehungen auch eine bestimmte Art der Stärke brauchst. Sie hilft dir, in wichtigen Momenten die Führung in der Beziehung zu übernehmen.

Gewinne Autorität in deinen Beziehungen

Weil kein Mensch vollkommen ist, benötigen wir in unseren Beziehungen eine gesunde Unabhängigkeit und Stärke. Wir sollten uns nicht zum Opfer der Schwächen anderer machen – damit ist keinem gedient, auch dem anderen nicht. Außerdem darf uns niemand von unserem Weg abbringen. Auch der Respekt vor unseren Werten und Prioritäten gehört zu einer guten Beziehung. Bestimmt kannst du es an deinen Vorbildern ablesen: Persönlichkeiten, die tief und selbstlos lieben, lassen sich dennoch nicht ausnutzen. Persönlichkeiten, die tiefe Bindungen eingehen oder sich für eine gute Sache verpflichten, lassen sich von niemandem ihre Freiheit nehmen. Mutige Menschen können sich wehren, wenn es darauf ankommt. Du findest dies auch in der Bibel: Jesus ist die Nächstenliebe in Person. Trotzdem wehrt er sich manchmal entschieden. Er entzieht sich manchmal so schroff, dass dies gar nicht zu einem heiligen Mann zu passen scheint. Aber eine Liebe ohne Stärke würde an der Bosheit von Menschen scheitern. Deshalb wirst du noch weiter kommen, wenn du eine positive Autorität in deinen Beziehungen aufbaust.

Autorität im Beziehungsfeld Mangel und Liebe

Wir stellen uns vor: Du bist mit einer Person konfrontiert, die sehr um sich selbst kreist. Sie bleibt dir und anderen vieles schuldig: Aufmerksamkeit, Wertschätzung, Verständnis und einen angemessenen Einsatz.

Eine Möglichkeit wäre nun, die Beziehung zu dieser Person loszulassen oder so viel Abstand herzustellen, dass du unabhängig bist. Dann bedeutet die Selbstbezogenheit keinen Mangel mehr für dich. Doch möglicherweise kannst oder willst du die Person nicht hinter dir lassen. Vielleicht stehst du in einer Verantwortung und möchtest auch andere vor der Selbstbezogenheit der Person schützen. Vielleicht liegt dir die Person am Herzen und du willst ihr durch einen liebevollen Widerstand dienen. Vielleicht kannst du dieser Person auch gar nicht aus dem Weg gehen. Du könntest nun die oben empfohlene Strategie der inneren Unabhängigkeit wählen. Aber unter Umständen willst du einen aktiveren Weg gehen und die Führung übernehmen. Dann kannst du auch eine positive Autorität aufbauen.

Autorität gewinnst du nun,

- indem du die Person taktvoll auf ihr Verhalten hinweist, auf die Folgen, die es für andere hat, und auf die Nachteile, die sich die selbstbezogene Person selbst einhandelt. Bewährt hat sich das Gespräch unter vier Augen. Dabei beschreibt man das selbstbezogene Verhalten am besten nur anhand eines konkreten Beispiels, das auch für andere Situationen steht. Außerdem hilft eine innere Haltung, die der Person freistellt, ob sie die Rückmeldung annehmen will oder nicht, ob sie etwas verändern will oder nicht.
- indem du erst mal den emotionalen Tank der selbstbezogenen Person füllst und auf ihre Anliegen eingehst. Manchmal werden selbstbezogene Menschen erst großzügiger und aufmerksamer, wenn für sie gesorgt ist. Wo das ohne allzu großen Aufwand möglich ist, wäre das eine gute Strategie. Danach kann man die selbstbezogene Person leichter für einen angemessenen Einsatz und eine Aufmerksamkeit für andere bitten.
- indem du verhandelst und deine Großzügigkeit, deinen Einsatz oder dein Entgegenkommen daran bindest, dass dir die Person ein Minimum an Einsatz, Aufmerksamkeit und Wertschätzung schenkt.
- indem du Konsequenzen ankündigst, wenn du die Macht dazu hast. Eine Teamleiterin könnte der selbstbezogenen Person eine andere Aufgabe geben, bei der ihr Verhalten weniger problematisch ist, oder einen Vorgesetzten hinzuziehen. Privat könnte man als Konsequenz andere um Hilfe bitten, damit sie einen in einer ungerechten und frustrierenden Situation unterstützen oder die selbstbezogene Person von bestimmten Aktivitäten ausschließen. Die Ankündigung einer Konsequenz kann man gelassen mit den Spielregeln erklären, die in jeder Gemeinschaft gelten.

Der Herzenskompass kann dir dabei auf dreierlei Weise dienen.

Erstens brauchst du die richtige innere Haltung, um Autorität zu gewinnen, bei selbstbezogenen Menschen sind es vor allem Wohlwollen und Großzügigkeit. Fragen für die geistlichen Übungen im zweiten Teil des Buches wären zum Beispiel: Wie finde ich eine Liebe, die wirklich das Beste für den anderen will, auch wenn ich mich in der Sache querstellen muss und möchte? Wie kann ich die guten Seiten meiner selbstbezogenen Person sehen und ansprechen, jene Seiten im anderen, die eigentlich auch gerne liebevoll und großzügig wären, die aber aus bestimmten Gründen noch von den selbstbezogenen Seiten der Person unterdrückt werden? Wie überwinde ich den Frust, den Ärger und die Enttäuschung, die die selbstbezogene Person in mir ausgelöst hat und von denen ich mein Verhalten nicht bestimmen lassen möchte?

Zweitens brauchst du eine hohe innere Sicherheit, die dich stark und gelassen macht und die deinen Worten, deiner Stimme und deiner Körpersprache Autorität verleiht. Fragen für die geistlichen Übungen wären hier zum Beispiel: Wie finde ich zu einem reinen Herzen, das nur ein gutes Miteinander für alle will? Wie kann ich mich von der verzerrten Wahrnehmung der selbstbezogenen Person frei machen und zu meiner Sicht stehen? Wie kann ich gewiss sein und vielleicht auch spüren, dass Gott in dieser Sache hinter mir steht?

Drittens wird es nicht ohne Frust und Enttäuschung ablaufen, wenn du gegenüber einer selbstbezogenen Person eine liebevolle Autorität ausübst. Vielleicht spürst du schon vorher ein gewisses Unbehagen. Dann nimm beispielsweise folgende Fragen in die geistlichen Übungen mit: Wie könnte ich damit umgehen, wenn die selbstbezogene Person meine Rückmeldung einfach abbügelt und mich damit stehen lässt? Wie kann ich standhalten, falls die selbstbezogene Person verzweifelt oder manipulativ versucht, weiterhin mehr zu nehmen als zu geben?

Autorität im Beziehungsfeld Fremdbestimmung und Freiheit

Du bist mit einer Person konfrontiert, die in vielem zu weit geht. Sie versucht über dich zu bestimmen. Vielleicht kontrolliert sie dich, vielleicht setzt sie dich unter Druck, indem sie ihre Macht ausspielt, dein Gewissen manipuliert oder dir emotionale Szenen macht. Vielleicht dringt sie ungefragt in deine Privatsphäre oder Aufgabengebiete ein und raubt dir so deine Freiheit. Wie kann hier eine positive Autorität aussehen, wenn du einer solchen Person nicht aus dem Weg gehen kannst oder willst?

Autorität gewinnst du,

- indem du die Person taktvoll auf ihr Verhalten hinweist, auf die Folgen, die es für andere hat, und auf die Nachteile, die sich die dominante Person selbst einhandelt. Bewährt hat sich das Gespräch unter vier Augen. Dabei beschreibt man das dominante Verhalten am besten nur anhand eines konkreten Beispiels, das auch für andere Situationen steht. Außerdem hilft eine innere Haltung, die der Person freistellt, ob sie die Rückmeldung annehmen will oder nicht, ob sie bereit ist, etwas zu verändern, oder nicht.

- indem du dich erst mal auf die Interessen der dominanten Person konzentrierst. Wenn sie sich einbezogen, akzeptiert, in ihren Wünschen ernst genommen und in ihrer Verantwortung unterstützt fühlt, schwächt sich das dominante Verhalten manchmal schon ab. In der Regel ist das gut möglich, ohne dass du dich dem Willen der dominanten Person unterwerfen oder ihr die Erlaubnis geben musst, in deine Freiräume einzudringen. Ein Entgegenkommen reicht, du musst es aber auch gut kommunizieren: „Das mache ich, weil du mir wichtig bist/weil ich Ihre Anliegen ernst nehme und Sie unterstützen möchte, wo ich kann." Auf dieser Grundlage akzeptieren dominante Personen ein Nein oder deine Entscheidungen oft überraschend gut.
- indem du respektvoll, ruhig und mit großer innerer Sicherheit vertrittst, dass du dir deine Entscheidungsfreiheit nicht nehmen lässt und dass das gute Gründe hat.
- indem du Konsequenzen ankündigst, wenn du die Macht dazu hast. Die Zugehörigkeit zu einem Team oder einer Gemeinschaft kann man daran binden, ob ein bestimmender Mensch die Wünsche, Rechte und Entscheidungsfreiheit anderer respektiert.

Der Herzenskompass kann dir dabei auf dreierlei Weise dienen.

Erstens brauchst du die richtige innere Haltung, um Autorität zu gewinnen. Bei bestimmenden Menschen sind es vor allem Respekt und Annahme – beides fällt einem bei dominanten Persönlichkeiten nicht gerade leicht. Fragen für die geistlichen Übungen im zweiten Teil des Buches wären zum Beispiel:

- Wie finde ich eine Liebe, die den anderen respektiert und so annimmt, wie er oder sie ist, und seine Interessen und Wünsche bejaht? (Das bedeutet, wie schon gesagt, nicht automatisch, dass ich allen Interessen und Wünschen entgegenkommen will.)
- Wie kann ich die guten Seiten einer dominanten Person sehen und ansprechen, jene Seiten im anderen, die ihm seine Freiheit, Selbstbestimmung und Entfaltung gönnen?
- Wie überwinde ich den Druck, die Empörung und die innere Auflehnung, die die dominante Person in mir ausgelöst hat? Ich möchte doch mein Verhalten nicht davon bestimmen lassen.

Zweitens brauchst du eine hohe innere Sicherheit, die deine Freiheit und Grenzen verteidigen kann und die deinen Worten, deiner Stimme und deiner Körpersprache Autorität verleiht. Fragen für die geistlichen Übungen wären hier zum Beispiel:

- Wie finde ich zu einer Klarheit, wo die Grenzen wirklich verlaufen, wo der Einfluss der dominanten Person in Ordnung ist und wo er endet?
- Wie kann ich gewiss sein und vielleicht auch spüren, dass Gott in dieser Sache für mich kämpft?

Drittens wird es vermutlich Machtkämpfe geben, wenn du gegenüber einer dominanten Person eine liebevolle Autorität ausübst. Vielleicht spürst du schon vorher ein Unbehagen. Dann nimm z. B. folgende Fragen in die geistlichen Übungen mit:

- Wie, Gott, kann ich immer wieder aus Machtkämpfen heraustreten?
- Wie kann ich meinen Einfluss auf gute und faire Weise ausspielen?

- Wie kann ich einem Druck zur Not eine Weile standhalten, bis meine dominante Person wirklich glaubt, dass ich mich nicht bestimmen und dominieren lasse?

Autorität im Beziehungsfeld Bedrohung und Vertrauen

Du bist mit einer Person konfrontiert, die unberechenbar ist und dir mit ihrem Verhalten durchaus schaden könnte. Vielleicht ist sie einfach rücksichtslos, vielleicht denkt sie in einem Freund-Feind-Schema und kann sich plötzlich feindselig verhalten. Vielleicht neigt sie auch zu Rache, wenn sie glaubt, du hättest dich unfair verhalten.

Wenn du dieser Person nicht aus dem Weg gehen kannst oder willst, kannst du auf folgende Weise eine positive Autorität aufbauen.

Autorität gewinnst du,

- indem du die Person taktvoll auf ihr Verhalten hinweist, auf die Folgen, die es für andere hat, und auf die Nachteile, die sich die bedrohliche Person selbst einhandelt. Bewährt hat sich das Gespräch unter vier Augen. Dabei beschreibt man das bedrohliche Verhalten am besten nur anhand eines konkreten Beispiels, das auch für andere Situationen steht. Außerdem hilft eine innere Haltung, die der Person freistellt, ob sie die Rückmeldung annehmen will oder nicht, ob sie etwas verändern will oder nicht.

- indem du der rücksichtslosen oder feindseligen Person erst einmal Sicherheit schenkst. Das ist natürlich kein Verhalten, an das du als Erstes denkst. Sicherheit schenkst du, wo du loyal bist und zu der anderen Person stehst, wo das gut und möglich ist. Sicherheit kannst du auch geben, indem du in allen Auseinandersetzungen nur auf faire Mittel setzt und die Gründe für dein Verhalten offenlegst, besonders natürlich, wenn du den Interessen und Wünschen der bedrohlichen Person einmal nicht entgegenkommen kannst. Dadurch nimmt dich die bedrohliche Person als berechenbar, loyal und fair wahr. Das kann rücksichtsloses und feindseliges Verhalten unter Umständen schon reduzieren.

- indem du ruhig und klar ansprichst, wenn dir das Verhalten der bedrohlichen Situation schadet, du die bedrohliche Person um eine Veränderung bittest und – wenn du die Macht dazu hast – Konsequenzen ankündigst, wenn das schädliche Verhalten nicht aufhört. Konsequenzen sind in unserer Gesellschaft in der Regel eine Form von Ausschluss aus einem Team oder aus einer Gemeinschaft. Eine Konsequenz kann auch erst einmal sein, dass du andere informierst, die dich in dieser Sache unterstützen, oder dass du eine Person mit mehr Macht hinzuziehst. Gerade bei bedrohlichen Menschen ist es wichtig, sie auch über diesen Schritt zu informieren und ihnen vorher die Möglichkeit zu geben, ihn abzuwenden.

Der Herzenskompass kann dir dabei auf folgende Weise dienen.

Erstens brauchst du die richtige innere Haltung, um Autorität zu gewinnen, bei bedrohlichen Menschen sind es vor allem Loyalität und Unschuld. Fragen für die geistlichen Übungen im zweiten Teil des Buches wären zum Beispiel:

- Wie, Gott, finde ich eine Liebe, die auch für den Menschen das Beste will, der mir geschadet hat oder zu schaden droht?
- Wie kann ich mich innerlich verpflichten, die nötige Auseinandersetzung nur mit guten und fairen Mitteln zu führen?

Zweitens brauchst du eine hohe innere Sicherheit, die Vertrauen weckt und gleichzeitig eine Stärke ausstrahlt, dass du schädliches Verhalten nicht hinnehmen wirst. Fragen für die geistlichen Übungen wären hier zum Beispiel:

- Wie kann ich vergeben, dass der andere mir bereits geschadet hat, und der Beziehung/dem Miteinander eine neue Chance geben?
- Wie kann ich glauben, dass du, Gott, allen Schaden ausgleichst und beseitigst, falls sich die bedrohliche Person doch nicht für einen guten Weg gewinnen lässt?
- Wie möchtest du, Gott, mich stärken in den Risiken, die jede offene Auseinandersetzung mit sich bringt?

In diesem langen Kapitel hast du dich umfassend mit deinen Beziehungen auseinandergesetzt. Du hast dir bewusst gemacht, wie es sich anfühlt und wie du dich verhältst, wenn deine Beziehungen von Liebe, Freiheit und Vertrauen erfüllt sind, und auch, wie es sich anfühlt und wie du dich verhältst, wenn Liebe, Freiheit und Vertrauen fehlen. Du hast dir klargemacht, welche Menschen dir guttun und welche weniger, welche Personen du daher in dein ganz persönliches Leben einlassen solltest und zu welchen du mehr Abstand brauchst. Dann hast du an deiner Liebesfähigkeit gearbeitet, indem du dich einigen Schwächen gestellt und auf einen Weg begeben hast, auf dem du anderen immer mehr geben kannst. Schließlich hast du auch mehr Autorität gewonnen, wenn Beziehungen einmal schwierig werden.

Möglicherweise hast du auch nur eines dieser vielen Beziehungsthemen ausgewählt und dich mit ihm auseinandergesetzt. Wie auch immer, wir laden dich ein: Kehre immer mal wieder zu diesem Kapitel zurück und lass dich auf eine immer tiefere Liebe zu

Menschen ein. Auf diesem Weg lernst du auch Gott besser kennen. Er ist vernarrt in den Menschen und kann von liebevollen Beziehungen nicht genug bekommen. Gott ist dir selten näher als in den Momenten, in denen du um Beziehungen ringst, die von Liebe, Freiheit und Vertrauen geprägt sind.

DEN DRAHT ZU GOTT HALTEN MIT DEM HERZENSKOMPASS

Unter Glaubenden aller Zeiten gab es immer Menschen, die sich um einen Draht zu Gott bemüht haben. Sie haben Wege gesucht, mit Gott in Verbindung zu kommen und möglichst auch in Verbindung zu bleiben. Weil Menschen unterschiedlich sind, haben sie auch ganz unterschiedliche Wege gefunden. Der Jesus-Botschafter Paulus im Neuen Testament hat die Glaubenden in Philipper 6,8 herausgefordert: „Betet allezeit!" Aus seinen Briefen wissen wir, was Paulus damit meint: Dankgebete und Bitten, die aus ganzem Herzen gesprochen werden; ein „Lob Gottes", das Gott Wertschätzung für seine Schöpfung und sein liebevolles Handeln an den Menschen ausdrückt (Phil 4,8; Kol 4,2; 1. Tim 2,1). Ein weiteres Beispiel aus der Kirchengeschichte ist das Jesusgebet oder Herzensgebet der russisch-orthodoxen Tradition. Dabei üben Glaubende, mit dem Rhythmus des Einatmens und Ausatmens das Gebet „Jesus, Sohn Gottes, erbarme dich meiner" zu sprechen. Sie tun dies so lange, bis sich das Gebet fest mit dem Atmen verbindet. Manche, die über Jahre das Jesusgebet praktizieren, berichten sogar von Träumen, in denen sie beten. Sie wachen nachts auf und bemerken erstaunt, wie sie noch immer beten. Auf sehr unterschiedlichen Wegen führt Gott Menschen in eine tiefere Beziehung zu ihm. Im Lauf der Zeit wächst ein Bewusstsein für die Gegenwart Gottes. Glaubende spüren immer häufiger eine Verbindung mit Gott.

In die Wirklichkeit Gottes einzutreten, ist einfacher, als du glaubst. In ihr zu leben, ist nicht nur etwas für spirituell begabte Persönlichkeiten. Der Herzenskompass will dir auch dabei helfen. Du begibst dich auf eine Weggemeinschaft mit Gott und empfängst Berührungen, Stärkungen und Wegweisungen von ihm. Diese Erfahrungen verbinden dich immer tiefer mit Gott, so wie wir uns auch mit wichtigen menschlichen Weggefährten verbinden.

Allerdings begegnet dir eine Herausforderung an einer Stelle, wo du sie vermutlich nicht erwartest: Solange wir uns Gott in Bildern aus der Natur vorstellen – als Quelle, als Licht, als Wurzelwerk unseres Lebens –, solange erscheint uns die Verbindung mit Gott anziehend und schön. Aber Gott ist ja mehr als das. Er greift in die Geschichte der Menschheit und in das Leben von uns Menschen ein. Er hat Absichten und teilt sie Menschen mit. Er gibt Gebote und Verbote. Dadurch steckt er dem Menschen einen Lebensrahmen ab. Das alles geschieht aus Liebe, behauptet die Bibel. Aber es fühlt sich nicht immer wie Liebe an. Deshalb gäbe es auch gute Gründe, Gott auf Abstand zu halten und alles andere zu suchen, nur nicht einen guten Draht zu ihm. Die Vorstellung, Gott nahe zu sein, kann auch unangenehme Gefühle wecken. Das muss ich genauer erklären und tue das für jede der drei Grunderfahrungen Mangel, Fremdbestimmung und Bedrohung.

Mangel

Könnte Gott nicht auch jemand sein, der mehr von dir nimmt, als er dir gibt? Dieser Gedanke taucht zumindest in der Bibel auf, zum Beispiel in der berühmten Gleichnisgeschichte vom verlorenen Sohn: Ein Vater hat zwei Söhne. Der eine lässt sich sein Erbe vorzeitig auszahlen und verschwendet es. Der andere arbeitet hart und lässt sich nichts zuschulden kommen. Doch der fleißige, vernünftige Sohn wirft seinem Vater vor: „Du hast mir nie auch nur einen Ziegenbock gegeben, dass ich mit meinen Freunden hätte feiern können" (Lk 15,29; NGÜ). So, sagt Jesus, denken viele Menschen von Gott. Sie halten ihn für einen gleichgültigen Geizhals. Deshalb erwarten sie nichts von ihm, sie bitten ihn um nichts. Und was sie für Gott tun, tun sie aus verbissenem Pflichtgefühl und nicht aus der Freude, Gottes Großzügigkeit erwidern zu dürfen.

Aber selbst wenn Gott großzügig ist, ist er darin verlässlich? Es könnte ja auch einen höheren Grund dafür geben, warum Gott dich im Stich lässt. Vielleicht weil du einen Fehler machst und Gott sich von dir zurückziehen „muss"? Oder weil er dir einen Mangel zumutet, um dich zu erziehen oder deinen Glauben zu prüfen? Wenn du dich dann zu eng an Gott bindest und zu viel von ihm erwartest, dann trifft dich das ganz unvorbereitet. Wäre es dann nicht besser, dich von Gott unabhängig zu machen und dir noch andere Sicherheiten aufzubauen, damit du versorgt bist und nicht plötzlich allein dastehst, falls sich Gott zurückzieht?

Manche Kinder wurden von einer wichtigen Bezugsperson verlassen oder hatten ein Elternteil, auf dessen Zuwendung und Unterstützung sie sich nicht immer verlassen konnten. Sie entwickelten ein Gefühl, dass keine Beziehung sicher ist. Dieses Gefühl begleitet sie durch das ganze Leben und prägt auch ihre

Erwartungen an Gott. Jesus hat bis zur Erschöpfung gepredigt, um ein Vertrauen in Gottes Großzügigkeit und Versorgung zu wecken (Mt 6,26; Mt 7,7; Lk 11,9; Lk 15). Doch gegen diese Einladung des Glaubens stehen manchmal handfeste Lebenserfahrungen.

Allein vom Thema Mangel und Liebe her, gäbe es also gute Gründe, Gott auf Abstand zu halten: Gott könnte zu fordernd sein. Er könnte dich gerade dann im Stich lassen, wenn du ihn am meisten brauchst. Solche Gründe sind meist unbewusst. Sie können dich aber blockieren, sobald du versuchst, einen Draht zu Gott aufzubauen und zu halten. Falls dich das betrifft (oder du ahnst, dass es dich betreffen könnte), dann könntest du eine der folgenden Fragen mit in die geistlichen Übungen nehmen:

- Wie kann eine Sehnsucht in mir wachsen, dass du, Gott, für meine existenziellen Bedürfnisse sorgst: zum Beispiel nach Geborgenheit, Berührtsein, Erfüllung, materieller Versorgung, (beruflichen) Lebenschancen und guten, tiefen Beziehungen?
- Wie kann ich Zweifel abbauen, was deine Nähe und Versorgung angehen?
- Wie möchtest du, Gott, in mir den Glauben wecken, dass du für mich da bist, vielleicht auch ganz konkret, was ... angeht?
- Was, Gott, hilft mir, die Verbindung zu dir so zu halten, dass sich unser Geben und Nehmen beständig austauschen kann?
- Wie kann ich auch dann vertrauen, wenn du, Gott, mich einmal warten lässt?

Ein Gefühl von Mangel kann also das Vertrauen zu Gott belasten. Doch auch wer sich fremdbestimmt fühlt, empfindet eine Nähe zu Gott vielleicht als zwiespältig.

Fremdbestimmung

Zuckst du innerlich zusammen, wenn vom „Willen Gottes" die Rede ist? Oder wenn jemand behauptet, man müsse Gott „gehorchen"? Dann könnte dich das Thema Fremdbestimmung hindern, Gott nahezukommen. Möglicherweise glaubst du bereits: Gott gehorchen und die freie Entfaltung deiner Persönlichkeit stehen gar nicht im Gegensatz. Im Gegenteil, die Gebote und Verbote der christlichen Überlieferung entsprechen unserer wahren menschlichen Natur. Sie erleichtern die freie Entfaltung unserer Persönlichkeit. Doch deine Lebenserfahrung ist unter Umständen eine andere: Der Glaube hat dich vielleicht eingeengt. Du hast dich womöglich verbogen und beschnitten, damit

Gott mit dir zufrieden ist. Du hast so viel Verantwortung übernommen, dass es dich erschöpft und überfordert hat.

Je mehr Fremdbestimmung du als Kind erfahren hast, umso wahrscheinlicher ist es, dass du auch Gott manchmal als fordernd und einengend erlebst. Jesus hat Glaubende eingeladen, Gott anders zu sehen. Er hat Menschen angesprochen, die Gott für hart und überfordernd halten. In einer Gleichnisgeschichte von Jesus, die in Matthäus 25,14-30 steht, geht es zum Beispiel um einen Gutsherrn und seine Diener. Im Verlauf der Geschichte sagt einer der Diener zu seinem Herrn: „Herr, ich wusste, dass du ein harter Mann bist. Du erntest, wo du nicht gesät hast, und sammelst ein, wo du nicht ausgestreut hast" (Vers 24). Weil der Diener seinen Herrn so sieht, reagiert er schon auf eine kleine Aufgabe mit einem Gefühl von Angst und Druck. Er weicht aus und drückt sich vor seiner Pflicht. So geht es auch anderen mit Gott, sagt Jesus mit dieser Gleichnisgeschichte. Weil sie Gott für hart und fordernd halten, ziehen sie sich zurück.

Würde es also die Fremdbestimmung nicht auf die Spitze treiben, wenn du eine tiefere Verbindung mit Gott eingehst? Brauchst du nicht vielmehr Auszeiten von Gott, in denen du tun und lassen kannst, was DU willst? Auch das Thema Fremdbestimmung kann dich daran hindern, den Draht zu Gott aufzunehmen und zu halten. Du brauchst die Erfahrung: Gott ist ganz anders. Er ist sanft und einladend, nicht fordernd. Deshalb drängt sich dir Gott niemals auf. Er wartet auf dich, bis du dich ihm öffnest. Gott macht dich außerdem frei. Gottes Freiheit ist zwar nicht die Freiheit für ein selbstbezogenes und genusssüchtiges Leben. Das würde dir auch nicht guttun. Gottes Freiheit ist die Freiheit, zu lieben und sich schöpferisch für andere einzusetzen. Jesus bringt das so auf den Punkt: „Kommt zu mir, ihr alle, die ihr euch plagt und von eurer Last fast erdrückt werdet; ich werde sie euch abnehmen. Nehmt mein Joch auf euch und lernt von mir, denn ich bin gütig und von Herzen demütig. So werdet ihr Ruhe finden für eure Seele. Denn das Joch, das ich auferlege, drückt nicht, und die Last, die ich zu tragen gebe, ist leicht" (Mt 11,28-30 NGÜ). Jesus gebraucht hier ein Bild aus der frühen Landwirtschaft, als Tiere Pflüge und Lasten gezogen haben. Zur Befestigung wurde ihnen ein Balken (Joch) auf die Schulter geschnallt. Mit diesem Bild sagt Jesus: „Ich nehme dir unnötige Pflichten und Lasten ab. Ich behandle dich nicht von oben herab, denn ich bin von Herzen demütig. Ich habe dein Wohl im Blick. Ich weiß, was für dich zu viel wäre. Was ich von dir erwarte, kannst du gut tragen. Meine Aufgaben sind leicht für dich."

Könnte dich das Thema Fremdbestimmung hindern, dich tiefer mit Gott zu verbinden? Dann nimm eine der folgenden Fragen mit in eine geistliche Übung:

- Welche Last und welchen Druck möchtest du, Jesus, von mir nehmen?
- Was darf ich selbst loslassen und ablegen?
- Wie kann ich wahrnehmen, dass du kein Antreiber bist, dass du großzügig und demütig bist, dass du mich frei machst?
- Welche Herausforderung oder Aufgabe ist gerade wirklich von dir? Und wie kann ich sie zusammen mit dir tragen?

Druck und Einengung sind die Gefühle, an denen du erkennst, dass das Thema Fremdbestimmung in deiner Gottesbeziehung auftaucht. Das Thema Bedrohung ist natürlich an Gefühlen von Angst oder Unsicherheit zu erkennen.

 Bedrohung

Es kann auch Angst sein, die dich einen Sicherheitsabstand gegenüber Gott halten lässt. Auch sie ist nicht immer bewusst. Vielleicht betest du in bestimmten Situationen um Gottes Schutz. Das macht nur Sinn, wenn du glaubst, dass Gott dich schützen kann und will. Vielleicht setzt du dein Vertrauen auf Gott, wenn du etwas wagst, oder du vertraust ihm deine Sorgen an. Trotzdem könnte dir eine innere Stimme sagen, dass es gefährlich wäre, wenn du dich noch tiefer an Gott bindest. Das hat drei Gründe.

Erstens erfordert jede tiefe Bindung, dass ich etwas loslasse. Ich kann zum Beispiel keine Liebesbeziehung eingehen und gleichzeitig alles festhalten, was vorher mein Single-Leben ausgemacht hat. Ich muss mir also ziemlich sicher sein, dass es mir in der Liebesbeziehung besser geht als im Single-Leben. Oder zumindest genauso gut. Manche trauen der Liebe nicht und haben eine verständliche Angst vor einer Bindung. Genauso ist es mit einer tieferen Bindung an Gott. Sie wird etwas von meiner freien Zeit binden. Ich entdecke Zeiten mit Gott, in denen ich die Beziehung zu ihm pflege. Ich gebe mit der Zeit auch Überzeugungen und Aktivitäten auf, die nicht mehr zu meiner Gemeinschaft mit Gott passen. Je mehr ich die Welt durch Gottes Augen sehe und die Herzensregungen von Gott spüre, desto mehr Verantwortung wächst mir zu. Wie könnte ich auf Distanz bleiben, wo Gott einem Menschen seine Liebe zeigen möchte? Wie könnte ich mich von Unwichtigem ablenken lassen, wo

Gott mich befähigt, anderen zu dienen? Solche Prioritäten verdrängen mit der Zeit, was mir früher wichtig war. Keiner kann vorher wissen, wie es in einer Ehe sein wird. Man spürt nur: Es wird vieles anders. Genauso ist es mit der Bindung an Gott. Sie kann Ängste wecken. Wie wird es sein, wenn ich vielleicht manches loslasse, das mir heute Sicherheit gibt, das mich entspannt und mich glücklich macht? Hat es Gott am Ende gerade auf das abgesehen, was mir am meisten bedeutet? So als ob er darauf eifersüchtig wäre? Wird es mir gut gehen in dem Leben, in das mich die tiefere Gemeinschaft mit Gott zieht? Es wäre mehr als verständlich, wenn dich solche Fragen beschäftigen und von Glaubensschritten abhalten.

Zweitens geht es in der Beziehung zu Gott ja nicht um zwei gleichartige und gleichberechtigte Partner. Wie kann ich mich mit einem Wesen verbinden, das allmächtig ist? Was könnte ich Gott entgegensetzen, wenn ich mich mit ihm einmal nicht wohlfühle oder anderer Meinung bin? Muss die Allmacht Gottes nicht alles auslöschen, was ich denke, fühle, wünsche und wovon ich überzeugt bin? Löscht mich Gott nicht letztlich aus und setzt wer weiß was an die Stelle, die heute noch mein Ich ist? Und wie reagiert Gott, wenn ich einmal schuldig werde, wenn ich träge, feige, unwillig, maßlos, gemein, lieblos, selbstbezogen oder aggressiv bin? Müssen Gottes Enttäuschung und Zorn nicht überwältigend sein, gerade, wenn ich ihm nahe bin? Vielleicht hast du hier bereits ein Gottvertrauen und denkst: „Wenn Gott mich liebt, wird er mich nicht mit seiner Übermacht erdrücken." Doch ist dieses Vertrauen schon in die Tiefe deines Gefühlslebens vorgedrungen, an den Ort, an dem deine Motivation und deine Entscheidungen entspringen?

Drittens machen viele Menschen in ihrer Kindheit die Erfahrung, sich ausliefern zu müssen und nicht geschützt zu werden: „Das meint Tante Jutta nicht so, sei einfach lieb zu ihr!" – „Du darfst Papa einfach nicht so reizen, dann ist das doch kein Wunder, wenn er die Beherrschung verliert. Geh zu ihm und entschuldige dich." Könnte Gott nicht das Gleiche von dir verlangen? „Liebe deinen Nächsten, auch wenn er noch so böse zu dir ist. Du darfst dich nicht schützen und auch ich, Gott, schütze dich nicht, denn so schlimm ist das alles nicht. Beiß die Zähne zusammen, halte es einfach aus. Wie es dir damit geht, ist mir nicht wichtig." Wie könnten wir uns auf eine tiefere Bindung zu Gott einlassen, wenn Gott wirklich so wäre?

Wie führt Jesus Suchende und Glaubende in diesen sensiblen Fragen? Wenn ich ihn richtig verstehe, dann wählt er einen Ansatz, den man heute „dialektisch" nennen würde. Er mutet Menschen einerseits Angst zu, zum Beispiel in folgenden Worten, die uns von Jesus überliefert sind: „Ich sage euch: Wenn das Weizenkorn nicht in die Erde fällt und stirbt, bleibt es ein einzelnes Korn. Wenn es aber stirbt, bringt es viel Frucht" (Joh 12,24 NGÜ; Thema: Was passiert mit unserer Persönlichkeit, wenn wir uns tiefer auf Gott einlassen?). „Die Füchse haben ihren Bau und die Vögel ihre Nester; aber der Menschensohn hat keinen Ort, wo er sich ausruhen kann" (Lk 9,58 NGÜ; Thema: Wie sicher und angenehm ist die Gemeinschaft mit Jesus?). „Seht, ich sende euch wie Schafe mitten unter die Wölfe" (Mt 10,16 NGÜ; Thema: Wie sicher ist das, was sich Jesus von mir wünscht?).

Gleichzeitig führt Jesus Menschen vor Augen, dass sie Gott rückhaltlos vertrauen können, zum Beispiel in folgenden Worten: „Denkt doch einmal an die Spatzen! Zwei von ihnen kosten nicht mehr als einen Groschen und doch fällt kein einziger Spatz auf die Erde, ohne dass euer Vater es zulässt. Und bei euch sind sogar die Haare auf dem Kopf alle gezählt. Seid darum ohne Furcht! Ihr seid mehr wert als eine noch so große Menge Spatzen" (Mt 10,29-31 NGÜ; Thema: Wie sicher ist das Leben mit Gott?). „Und jeder, der um meines Namens willen Häuser, Brüder, Schwestern, Vater, Mutter, Kinder oder Äcker zurücklässt, wird alles hundertfach wiederbekommen und wird das ewige Leben erhalten" (Mt 19,29 NGÜ; Thema: Ist der Weg mit Jesus nicht eine Überforderung?).

Jesus lädt also gleichzeitig zu gefährlichen Wagnissen ein und dazu, sich unter Gottes Schutz sicher und geborgen zu fühlen. Das widerspricht sich und findet doch in dem Leben zusammen, in das Jesus Glaubende ruft. (Wenn etwas, das sich eigentlich widerspricht, auf einer höheren Ebene zusammenfindet, nennen Philosophen das „dialektisch". Vielleicht hast du den Erkenntnisweg von These, Antithese und Synthese in einem anderen Zusammenhang schon einmal kennengelernt. Ohne diese Denkhilfe ist die Bibel übrigens schwer erträglich: Entweder du wirst zum Fundamentalisten und behauptest mit abstrusen Argumenten, es gäbe in der Bibel keine Widersprüche. Oder du fällst vom Glauben ab, weil nicht wahr sein kann, was widersprüchlich ist.)

Du kannst dich nun fragen: Gibt es eine untergründige Angst, die dich vor einer tieferen Verbindung mit Gott zurückschrecken lässt? Wenn du das erkennst, dann nimm eine der folgenden Fragen mit in die geistlichen Übungen im zweiten Teil:

- Wie, Gott, wird es sein, wenn du mich in eine tiefere Verbindung mit dir führst? Was bleibt von mir übrig? Was willst du aus mir machen?
- Wie kann ein Vertrauen wachsen, dass ich mich deiner Liebe anvertrauen kann?
- Wie kann ich spüren, dass du mich stark und fähig machst, alle Herausforderungen zu bestehen, die die Gemeinschaft mit dir mit sich bringen?

....

....

....

....

....

....

....

Mit dem Herzenskompass wirst du allmählich alles, was dich bewegt, zu Gott tragen und gemeinsam mit ihm angehen. So wie wir es in einer guten Freundschaft oder Liebesbeziehung tun. Die geistlichen Übungen im zweiten Teil sind dann wie Treffpunkte für eine Begegnung. Du bringst mit, was dich beschäftigt, und bist offen dafür, wie Gott sich dir zeigt und wie er dich anspricht. Den Weg dafür machst du dafür frei, indem du dir bewusst wirst, was bei dir ganz persönlich eine tiefere Bindung an Gott erschwert. Wenn du hier eine Zeit lang mit deiner Aufmerksamkeit bleibst und mit Gottes Hilfe Hindernisse aus dem Weg räumst, dann vertieft sich deine Beziehung zu Gott in ungeahnter Weise: Du schließt dich an die Quellen an, durch die dich Gott in deinem Leben versorgt. Du findest wahre Freiheit und entdeckst eine Geborgenheit, die unabhängig von materiellen und menschlichen Sicherheiten ist.

SCHLECHTE GEWOHNHEITEN ÜBERWINDEN MIT DEM HERZENSKOMPASS

Schlechte Gewohnheiten stehlen deine Zeit und rauben dir Energie. Sie lenken dich von deinen Zielen ab. Sie untergraben deinen Optimismus und dein Selbstvertrauen. Wenn du den Kampf gegen deine schlechten Gewohnheiten aufnimmst, wirst du kleine Siege feiern und Ausstrahlung, Lebensfreude und Einfluss gewinnen. Jede neue, gute Gewohnheit automatisiert sich irgendwann. Sie läuft dann ab, ohne dass du Aufmerksamkeit und Kraft für sie einsetzen musst. Ganz automatisch tragen dich gute Gewohnheiten deinen Zielen entgegen, so wie dich schlechte von ihnen wegziehen.

Vielleicht möchtest du dich hier auf den Weg machen. Dann wirst du dir eine schlechte Gewohnheit genauer ansehen. Oft kannst du von deinem Verhalten direkt auf das Gefühl schließen, das dahintersteht. Zum Beispiel sind Frustkäufe eine Überreaktion auf Gefühle von Mangel. Andere schlechte Gewohnheiten helfen gleich bei allen drei Grunderfahrungen. Eine Heißhungerattacke zum Beispiel kann eine Reaktion auf Mangelgefühle sein. Das Essen ist dann eine Ersatzbefriedigung für fehlende Liebe oder einen Mangel an innerer Erfüllung. Weil Essen ein starker Reiz ist, lenkt es aber auch von anderen unangenehmen Gefühlen ab. Wer unter Druck steht (Grunderfahrung Fremdbestimmung), entspannt sich beim Essen, wer sich Sorgen macht (Grunderfahrung Bedrohung), schaltet beim Essen ab. Manchmal musst du also genauer hinsehen, um zu bemerken, wozu eine schlechte Gewohnheit dient.

Hier listen wir Beispiele für schlechte Gewohnheiten auf, sortiert nach den Grunderfahrungen, die dahinterstehen.

Mangel

- Frustessen, Frustkäufe
- erotische oder sexuelle Stimulation (Bilder, Videos, Tagträume, verführerisches oder flirtendes Verhalten ohne Interesse an der anderen Person)
- Lügen und Täuschen (um Liebe und Aufmerksamkeit zu bekommen bzw. diese nicht zu verlieren; um so erfolgreich zu werden, dass dich andere einfach lieben müssen)
- Erlebnishunger (bei dem du so viele Erfahrungen suchst, dass du erschöpft und ruhelos wirst)
- übertriebene Suche nach Zuwendung in einer Beziehung (zu viel von dir selbst reden; auf eine kindliche Weise Trost, Rat, Aufmerksamkeit oder Bestätigung einfordern)
- Prahlen und Selbstdarstellung (um Aufmerksamkeit und Zuwendung zu bekommen)
- Übertriebene Anstrengung für die perfekte Figur, das perfekte Outfit, die perfekte Wohnung oder gar ein perfektes Leben (letztlich, um die Liebe anderer zu gewinnen, oder aus Angst, sie zu verlieren)
- Bekämpfen oder Abwerten deiner Konkurrenten
- Geiz, was Zeit, Zuwendung und Hilfsbereitschaft angeht

(als könnte dich das Geben arm und leer machen)
- übertriebenes Eintauchen in die Erlebnisse anderer (Romane, Serien, Tratsch)

Fremdbestimmung

- Passivität oder Aufschieben (als Reaktion auf Zwänge und Verpflichtungen)
- häufiges sich Verspäten (entweder aus einer unbewussten Auflehnung gegen Zwänge heraus oder weil du so fremdbestimmt lebst, dass deine Zeit nicht reicht)
- Wutausbrüche
- unnötige Auflehnung gegen oder Konflikte mit Autoritäten
- unnötiges Übertreten von Regeln
- Mangel an Selbstdisziplin (du lässt dir nicht einmal von dir selbst etwas sagen ...)
- Unfähigkeit, Nein zu sagen (was einem unguten Einwilligen in Fremdbestimmung gleichkommt)
- Selbstbetäubung, wenn der Druck zu groß wird (Serien, Essen, erotische Stimulation, Kaufen ...)

Bedrohung

- übertriebene Kontrollen (eine E-Mail dreimal Korrektur lesen; mehrfach schauen, ob der Herd auch aus ist ...)
- übertriebenes Nachfragen bei Menschen, die dir Rat, Vergewisserung und Sicherheit geben
- Schüchternheit, soziale Angst und soziales Vermeidungsverhalten
- Verschlossenheit
- zwanghafte Orientierung an Regeln und Autoritäten (oft im Bereich Gesundheit oder Glauben; das engt ein, lenkt

von der eigentlichen Lebensaufgabe ab und nervt andere)
- zu viel reden (übergenau und mit Wiederholungen, aus Angst, nicht richtig verstanden zu werden)
- stundenlanges Sich-Informieren über ein Thema, das dir Angst macht
- mit anderen übertrieben lange über negative Erlebnisse, Gefahren, Katastrophen, Krankheiten und Ähnliches reden
- langes Zögern bei Entscheidungen oder wenn du etwas Neues beginnen willst
- übertriebene Vermeidung von Gefahren (vor Ansteckung, Fehlern, Unfällen, sich verirren, sich blamieren)
- nachtragend sein und nicht vergeben (damit du nicht neu vertrauen musst und gegen den anderen etwas in der Hand behältst)
- Selbstbetäubung, wenn die Angst zu groß wird (Serien, Essen, erotische Stimulation, Kaufen ...)

Sicher hast du dich in der einen oder anderen Gewohnheit wiedererkannt. Oder dir ist eine andere ungute Gewohnheit bewusst geworden, die nicht in den drei Listen steht. Natürlich kannst du nicht alles auf einmal angehen. Frage dich:

- Was stört mich wirklich?
- Was kostet mich Zeit und Kraft?
- Was greift mein Selbstwertgefühl und mein Selbstvertrauen an?
- Was hält mich von meinen Zielen ab?
- Was belastet meine Beziehungen?

Dann kannst du den Kampf gegen die schlechte Gewohnheit aufnehmen, deren Überwindung dich am meisten weiterbringt. Wenn du möchtest, dann halte hier fest, welche Gewohnheiten du ablegen möchtest.

....

....

....

....

....

Du kannst aber noch von einem anderen Blickwinkel aus auf deine Gewohnheiten sehen, nämlich indem du Gewohnheiten betrachtest, die für die meisten Menschen gut und wichtig sind.

Gute Gewohnheiten können sein:

- die Beziehungen pflegen, die dir wirklich wichtig sind
- dich für eine gute Sache einsetzen
- gesunde Lebensmittel einkaufen und zubereiten
- einen Sport treiben, der dich fit hält
- genug Schlaf, Pausen und Entspannung finden
- dich fortbilden in einem Bereich, der dich weiterbringt
- Zeiten frei halten, in denen du Gott suchen und begegnen kannst

Gibt es eine gute Gewohnheit, die dir eigentlich wichtig wäre und die du trotzdem noch nicht in dein Leben aufgenommen hast? Was hindert dich daran? Vielleicht stößt du zugleich auf eine schlechte Gewohnheit, die dir die Zeit und Kraft raubt, die du für eine gute Gewohnheit bräuchtest. Wenn du hier vertiefen willst, dann schreib hier die gute Gewohnheit auf, die du in dein Leben aufnehmen möchtest. Falls es eine schlechte Gewohnheit gibt, die dabei gegen dich arbeitet, dann halte sie in den Zeilen oben fest.

Gute Gewohnheiten aufbauen und schlechte überwinden, das gehört oft zusammen. Du kannst deshalb von beiden Seiten kommen. Du entdeckst eine Gewohnheit, die dir nicht guttut und die dich von Besserem abhält. Dann überlegst du, was du stattdessen tun könntest. Oder du wünschst dir eine gute Gewohnheit und musst dafür ein anderes, nicht so gutes Verhalten überwinden.

Wie hilft dir nun der Herzenskompass, gute Gewohnheiten aufzubauen und schlechte loszulassen? Er hilft dir auf drei Ebenen.

Erstens kannst du mit Gottes Hilfe die Quelle trockenlegen, aus der eine schlechte Gewohnheit entspringt: Gefühle von Mangel, von Druck oder von Angst.

Zweitens kannst du positive Gewohnheiten aufbauen. Sie dienen dem gleichen Ziel wie eine schlechte Gewohnheit, haben aber keine unguten Nebenwirkungen. Statt aus Frust zu essen könntest du dir zum Beispiel einen kurzen Spaziergang angewöhnen, der dich mit positiven Empfindungen füllt und zugleich Frustgefühle abbaut. Das ist allerdings schwer, wenn dein emotionaler Tank leer ist: Dann bräuchtest du etwas, das dir sofort ein gutes Gefühl gibt, und nicht etwas wie einen Spaziergang, zu dem man sich ja auch erst mal aufraffen muss. Mit dem Herzenskompass öffnest du dich für die Berührung, die dir die Energie dafür schenkt oder dir hilft, dich zu überwinden.

Drittens musst du oft erst mal unangenehme Gefühle durchstehen, wenn du eine schlechte Angewohnheit unterdrückst. Wenn du dich zum Beispiel unter Druck fühlst und dann noch eine Aufgabe angehst, statt sie aufzuschieben, steigert das den Druck. Vielleicht fühlt sich dieser Druck sogar unerträglich an. Bisher hat das Aufschieben den Druck gelindert. Jetzt aber möchtest du diesem Druck standhalten. Dann könntest du die Frage mit in eine geistliche Übung im zweiten Teil des Buches nehmen:

- Wie, Gott, kann ich diesem Druck standhalten?
- Wie hilfst du mir?
- Wie stärkst du mich?

Nun kannst du dich in folgender Weise auf den Weg machen: Sieh deine schlechte Gewohnheit als Wegweiser. Spüre, welches Gefühl dich zu deiner schlechten Gewohnheit treibt. Vielleicht passt es auch besser, wenn du nach einem ungestillten Bedürfnis suchst. Wenn du es nicht sofort spürst, dann versetze dich in Gedanken in eine Situation, in der du deiner schlechten Gewohnheit gefolgt bist. Versuche zu spüren, welches Gefühl oder Bedürfnis dich dabei antreibt. Um dieses Gefühl oder Bedürfnis geht es. Es ist eigentlich nett von deiner schlechten Gewohnheit, dass sie dir bisher geholfen hat, damit klarzukommen. Außerdem zeigt sie dir jetzt, wo du dich als Persönlichkeit noch entwickeln kannst. Vermutlich wird es dir nun nicht schwerfallen, dein Gefühl oder dein ungestilltes Bedürfnis einer der drei

Grunderfahrungen zuzuordnen: Mangel, Fremdbestimmung oder Bedrohung. Wenn du hier nicht ganz sicher bist, dann ordne es vorläufig zu und lass dich auf den Weg ein, den dir der Herzenskompass für diese Grunderfahrung weist. Wenn nötig, kannst du deine Einordnung später ändern.

Hier ein Beispiel: Ina ist Lehrerin. Manchmal fühlt sie sich gestresst und unter Druck. Heute kommt sie mittags nach Hause, isst und startet dann erst mal eine Serie. Hinterher ist sie ganz unzufrieden mit sich. Ihr Gefühl von Druck kann sie der Fremdbestimmung zuordnen. Ina macht sich mit der Frage auf den Weg: Was könnte mir den Druck und den Stress nehmen, wenn ich nach Hause komme? Außerdem hat sie die Frage: Wie, Gott, möchtest du mir helfen, wenn ich so müde, überreizt und angespannt bin?

Hast du eine schlechte Gewohnheit, die du gerne überwinden würdest? Für welches ungestillte Bedürfnis oder unangenehme Gefühl brauchst du sie noch? Welche Frage könntest du daraus machen, die du in eine geistliche Übung im zweiten Teil des Buches mitnimmst?

Entdecke deine neue Gewohnheit

Ina würde, wenn sie von der Schule kommt, am liebsten gleich weiterarbeiten. Aber es gäbe die Gewohnheit, dann Serien zu schauen, nicht, wenn sie nicht einen guten Grund hätte: Ina braucht erst mal Entspannung und ein paar Erlebnisse, die sich leicht und angenehm anfühlen. Deshalb möchte es Ina mit der folgenden neuen Gewohnheit versuchen: „Wenn ich von der Schule nach Hause komme und etwas gegessen habe, lege ich mich zwanzig Minuten hin. Vielleicht nicke ich dann kurz ein oder ich höre einfach Musik. Dann mache ich zwei Stunden etwas Schönes, etwas worauf ich Lust habe, zum Beispiel einen Spaziergang, mich mit einer Freundin treffen, telefonieren, Sport, shoppen (wenn ich wirklich etwas brauche) ... Erst dann arbeite ich wieder. Wenn sich erst abends etwas Schönes ergibt, dann stelle ich mir intensiv vor, was mich erwartet und wie ich mich dann fühlen werde. Dann setze ich mich schon früher wieder an den Schreibtisch, arbeite erst mal in einem gemütlichen Tempo und denke ab und zu an den freien Abend."

Das ist eine etwas komplizierte neue Gewohnheit, weil sie aus verschiedenen Elementen besteht und außerdem noch zwei Varianten hat (die leichte, schöne Zeit entweder am Nachmittag oder am Abend haben, je nachdem, wie es sich ergibt). Aber dafür ist sie realistisch und flexibel.

Vielleicht ist deine neue Gewohnheit einfacher zu beschreiben. Aber versuche nie, eine alte Gewohnheit einfach nur zu unterdrücken. Du würdest dich selbst nicht ernst nehmen, weil du den guten Grund für deine schlechte Gewohnheit ignorierst.

Hier kannst du deine neue Gewohnheit aufschreiben:

Nun brauchst du noch etwas, was dir beim Übergang von deiner alten zur neuen Gewohnheit hilft. Bei Ina entsteht ein kritischer Moment, wenn sie müde nach Hause kommt und sich unter Druck fühlt. Dann ist es natürlich viel leichter, die Serie zu starten. An manchen Tagen wird es Ina wie eine Überforderung vorkommen, bei einer Freundin anzurufen oder für einen Spaziergang oder zum Joggen aufzubrechen. Hier braucht sie eine positive Berührung, einen guten Impuls, ein entspanntes Gefühl – einen Hauch von Freiheit, der sie in eine positive Bewegung bringt. Das kann sie mit einer geistlichen Übung aus dem zweiten Teil des Buches suchen. Möglicherweise ist Ina aber in diesem Moment auch zu müde für eine Übung. Dann kann sie sich später, in einem guten Moment, in die Übung begeben. Sie macht eine Erfahrung, auf die sie im nächsten kritischen Moment zurückgreifen kann – bevor sich die Weiche entweder in Richtung der alten oder der neuen Gewohnheit stellt. Oft genügt es, wenn du in einem kritischen Moment an eine Erfahrung denkst, die du in einer geistlichen Übung gemacht hast. Oder vielleicht hast du dir einen guten Gedanken aufgeschrieben, den du lesen kannst, wenn du ihn brauchst.

Vielleicht spürst du, dass der Umgang mit einem kritischen Moment auch für dich wichtig ist. Dann nimm eine Frage wie die folgende in eine geistliche Übung im zweiten Teil des Buches mit: Was hilft mir im entscheidenden Moment, die Energie, die Motivation oder den Mut für meine neue Gewohnheit zu finden? Was du dort entdeckst, könntest du dir auf ein Post-it, eine Postkarte oder eine Karteikarte schreiben oder als Memo in eine Aufnahmeapp sprechen. Du kannst dir auch ein intensives Erinnerungsbild machen, wie es Leistungssportler tun, die im entscheidenden Moment alle Energien mobilisieren wollen. Ina fühlt sich zum Beispiel von der Szene sehr angesprochen, wie Jesus einfach durch die Menschenmenge hindurchgeht, die ihn töten will. Sie stellt sich vor, wie sie ganz frei durch eine Gruppe hindurchgeht, die sie bedrängt und festhalten will: ihren Schulleiter, Kollegen, Eltern, nervige Schüler. Ina geht hindurch und macht sich zu guten Freunden auf, ohne dass sie jemand aufhalten kann. Das weckt ein amüsiertes Gefühl und eben auch ein Gefühl von Freiheit. Dieses Gefühl gibt ihr die Energie, etwas zu tun, wobei sie sich frei und leicht fühlt und das aber besser ist, als die Serie zu schauen.

Konfrontiere dich mit dem, was du am meisten fürchtest

Psychologen und geistliche Begleiter kennen einen radikalen Weg zur Veränderung: „Setze dich dem aus, was du am meisten fürchtest." Das findest du zum Beispiel in der Traumatherapie: Die Begegnung mit den schlimmsten Erinnerungen gehört zum Kern der Behandlung. Auch bei anderen Problemen gilt eine Konfrontationstherapie als beste und schnellste Behandlungsmethode, zum Beispiel bei Ängsten oder einem Waschzwang.

Betroffene müssen dann in einen engen Fahrstuhl gehen oder sich mit ekligen Keimen in Kontakt bringen. Das Wirkprinzip ist die Gewöhnung. Wenn wir uns freiwillig und in einem sicheren Rahmen dem aussetzen, was wir fürchten, dann schwächen sich unangenehme Gefühle ab. Außerdem setzt die Konfrontation positive Möglichkeiten frei. Sie zwingt Betroffene geradezu, Kräfte zu aktivieren, die ihnen helfen, mit den unangenehmen Gefühlen fertig zu werden. Das Ergebnis ist eine schnelle Veränderung, die die Betroffenen selbst überrascht.

Auch spirituelle Traditionen kennen solche Methoden: Fasten, freiwillige Einsamkeit, freiwilliger Gehorsam, die Beichte und freiwilliger Verzicht. Solche geistlichen Übungen lassen manchmal sehr unangenehme Gefühle aufbrechen. Doch wo Menschen diese Gefühle mit Gottes Hilfe annehmen und durchleiden, erleben sie, dass sich etwas in ihnen verwandelt. Geistliches Wachstum setzt ein. Glaubende spüren eine stärkere Verbindung zu Gott. Sie finden mehr innere Freiheit, Liebesfähigkeit und Mut.

Wenn du willst, kannst du dich mit dem konfrontieren, was du kaum aushalten kannst – einfach indem du in einer kritischen Situation deine schlechte Gewohnheit unterdrückst und dich den Gefühlen aussetzt, die dann kommen. Lade diese Gefühle ein: „Kommt ruhig. Ich möchte wissen, was mich antreibt. Ich halte dem stand, werde es überleben und werde daran wachsen." Das solltest du allerdings nur tun, wenn du dich seelisch stabil fühlst.

Beispiele für schier unerträgliche Gefühle wären:

- eine innere Leere, wenn du einen Erlebnishunger verspürst und erst mal nur abwartest
- die Angst, die aufsteigen kann, wenn du eine Entscheidung triffst oder nachdem du dich jemandem geöffnet hast (selbst wenn die Person vertrauenswürdig ist)

- die Schuldgefühle, wenn du Nein sagst
- die diffuse Angst, wenn so viel zu tun ist und du dir trotzdem eine Pause gönnst

Halte solchen Gefühlen für einige Minuten stand. Dann nimm sie mit auf einen der Wege, auf die dich der Herzenskompass führt.

Bei der Selbstkonfrontation könnte es passieren, dass du die Kontrolle verlierst und doch zu deiner schlechten Gewohnheit greifst. Du möchtest zum Beispiel wissen, welche Gefühle dich zum Frustessen treiben. Du verspürst den Drang zu essen und du versuchst ihm zu widerstehen und deine Gefühle einzuladen. Doch bevor du richtig spürst, was los ist, beobachtest du, wie du (oder etwas in dir?) zu einer Tafel Schokolade greifst und isst. Ein Teil in dir hat sich offenbar noch nicht stark und sicher genug gefühlt, um den Gefühlen zu begegnen. Dann bleib mit Gottes Hilfe dran und nimm eine der folgenden Fragen in eine geistliche Übung mit:

- Was brauche ich, um unangenehme Gefühle durchzustehen?
- Wie finde ich die Stärke dazu?
- Wie kann ich mich mit Gottes Stärke verbinden?

Wenn sich in dir allmählich mehr Widerstandskraft aufbaut, wiederhole die Selbstkonfrontation.

Indem du gute Gewohnheiten aufbaust, wächst deine Persönlichkeit und du erreichst immer mehr deiner Ziele. Es gibt allerdings auch Gewohnheiten, bei denen schon Suchtmechanismen greifen. Das kann zum Beispiel ein langjähriger Pornografiegebrauch oder eine Kaufsucht sein. Suchtartige Gewohnheiten sind unglaublich hartnäckig. Dafür habe ich (Jörg) an anderer Stelle noch eine Hilfe erarbeitet: den Habit Changer. Den kannst du hier aufrufen.

https://www.psychotherapie-berger.de/gewohnheiten

Der Extremfall einer schlechten Gewohnheit ist eine Suchterkrankung, zum Beispiel eine Alkoholabhängigkeit. Der Herzenskompass und der Habit Changer, den ich gerade erwähnt habe, können dir Erste Hilfe leisten, wenn du abhängig bist. Sie könnten dir aber auch schaden. Schaden? Ja, denn du könntest nach kleinen Erfolgen denken, dass du deine Sucht allein in den Griff bekommst. Doch wer abhängig ist, muss sich öffnen. Er muss professionelle Hilfe annehmen und sich von Vertrauenspersonen in seinem Umfeld unterstützen lassen. Kannst du eine intensive Scham ertragen? Die erlebt jeder, wenn er eingestehen muss, dass er die Kontrolle über sich verloren hat. Ob jemand sich der Scham stellt oder ihr ausweicht, entscheidet darüber, ob er die Sucht loswird oder nicht. Scham gehört im Herzenskompass zur Grunderfahrung der Bedrohung. Scham ist die Angst davor, dass dein Selbstwertgefühl, dein Wert für andere und damit deine wichtigen Bindungen beschädigt werden. Falls dich die Macht einer Sucht gefangen hat, nimm auf einen Weg des zweiten Teils die Fragen mit:

- Wie kann ich meine Scham mit deiner Hilfe, Gott, überwinden?
- Was macht meinen Wert aus, wenn andere sehen, dass mich eine Sucht überwältigt hat?

Das Gleiche gilt für eine Essstörung oder Zwangserkrankung. Auch sie sind Extremfälle einer Gewohnheit. Ohne professionelle Hilfe und Unterstützung aus deinem Umfeld wirst du sie nicht los.

Doch vermutlich kämpfst du nur den Kampf, den wir alle kämpfen: Manche schlechten Gewohnheiten binden unsere Kraft, Zeit und Aufmerksamkeit. Ohne sie könnten wir noch stärker lieben und uns besser für das einsetzen, was uns wichtig ist. Manche guten Gewohnheiten werden einfach nicht Teil unseres Lebens, obwohl sie uns weiterbringen würden. Dann lass nicht locker, bevor du nicht mit den Hilfen weitergekommen bist, die dir der Herzenskompass gibt.

EINE KRISE ABFANGEN
MIT DEM HERZENSKOMPASS

Es trifft nicht jeden. Doch nicht wenige Menschen erleben Zeiten, in denen ihr Leben kaum noch zu ertragen ist. Es kommen so viele schlimme Ereignisse auf einmal, dass ein Mangel, ein Druck oder eine Bedrohung überwältigend werden. Menschen in einer Krise fühlen sich bestraft, ausgeliefert, hilflos und beschämt. Sie fragen sich, ob sie etwas falsch gemacht oder das Unglück in irgendeiner Weise verdient haben. Doch Krisen treffen auch Unschuldige. Es geht dann einfach nur darum, die Krise durchzustehen, bis wieder bessere Zeiten kommen. Wenn wir die Krise gut aufnehmen, wachsen wir als Persönlichkeit und in unserem Glauben. In der Krise ist das ein schwacher Trost. Hinterher würde aber niemand die Stärke hergeben wollen, die er in der Krise gewonnen hat. Der Herzenskompass schafft dir ein wenig Erleichterung und hilft dir, aus der Krise etwas zu machen, wenn sie schon einmal da ist.

Meist kann man erkennen, ob es in der Krise um einen Mangel, eine Fremdbestimmung oder eine Bedrohung geht. Das zeigen die folgenden Beispiele.

Nach langer Überlegung hat sich Sebastian von seiner Herkunftsfamilie zurückgezogen. Das hat ihm gutgetan, aber er fühlt sich irgendwie entwurzelt. Ausgerechnet jetzt verlässt ihn seine Freundin (Mangel).

Maltes Firma musste schließen. Weil es seiner Frau und ihren beiden Töchtern im Ort sehr gut geht, nimmt Malte einen Job in einem kleinen Familienbetrieb an. Dort reden ihm aber gleich mehrere Personen in seine Arbeit hinein. Er fühlt sich gefangen und wacht morgens mit einem Gefühl von Druck auf (Fremdbestimmung).

Nach guten Ehejahren entwickelt Julias Mann Gefühlsschwankungen. Er reagiert misstrauisch, greift Julia an und kritisiert sie häufig. Julia fühlt sich im eigenen Zuhause nicht mehr sicher (Bedrohung).

Sicher hast du auch schon beobachtet: Es gibt Menschen, die in einer Krise eine erstaunliche Widerstandskraft zeigen. Andere dagegen scheinen ihrer Krise ausgeliefert zu sein. Mit dem Herzenskompass kannst du dir Widerstandskraft schenken lassen.

Der Prophet Jeremia im Alten Testament gibt uns ein starkes Bild für das Gottvertrauen: „Aber Segen soll über den kommen, der seine ganze Hoffnung auf den Herrn setzt und ihm vollkommen vertraut. Dieser Mann ist wie ein Baum, der am Ufer gepflanzt ist. Seine Wurzeln sind tief im Bachbett verankert: Selbst in glühender Hitze und monatelanger Trockenheit bleiben seine Blätter grün. Jahr für Jahr trägt er reichlich Frucht" (Jer 17,8.9 NLB; vergleiche auch Ps 1). Die Verwurzelung in Gott schafft eine innere Versorgung, die auch schlimme Zeiten übersteht.

Krisen treiben deine Wurzeln in die Tiefe. Wenn es Gott dir schenkt, werden sie auf Wasser treffen. Nimm diesen Wunsch mit in die geistlichen Übungen im zweiten Teil des Buches und kleide ihn zum Beispiel in eine der folgenden Fragen:

- Wie finde ich zu deiner Versorgung, Gott, die unabhängig ist von meinen Lebensumständen?
- Wie finde ich in Druck und Zwängen zu einer übernatürlichen Freiheit, Gott?
- Wie willst du, Gott, mir, Geborgenheit und Stärke schenken bei allem Schaden, den ich erlitten habe, und bei allem Schaden, der mir vielleicht noch droht?

....

....

....

....

....

....

....

Natürlich darf deine Sehnsucht nach besseren Zeiten bleiben. Ein Baum braucht Regen, auch wenn er Hitze und Dürre überleben kann. Gott braucht die Krise nicht, um dir nahezukommen oder um dich zu erziehen. Aber wenn sie schon da ist – aus Gründen, die wir in diesem Leben oft nicht verstehen –, dann gebraucht er sie zum Guten.

Wie du dich für Fürsorge öffnest

Eine Krise erfordert außerdem etwas, das Psychologen Selbstfürsorge nennen. Wessen Leben bisher glatt gelaufen ist, der hat so etwas nie gebraucht. Er sagt: „Ich habe immer fröhlich meine Aufgaben angepackt und schöne Erlebnisse mit anderen genossen – warum sollte ich mich um mich selbst kümmern?" Menschen, die ein unbelastetes Leben haben, kommen nebenbei auf ihre Kosten. Eine Krise erfordert aber, dass Menschen eine fürsorgliche Beziehung zu sich selbst aufbauen – vielleicht zum ersten Mal in ihrem Leben:

- Was tut mir gut?
- Was brauche ich?
- Was tut mir gerade nicht gut?
- Wovon sollte ich mich gerade fernhalten?

Der Herzenskompass hilft dir, diese Fragen zu beantworten. Sebastian in unserem Beispiel durchlebt gerade einen schmerzlichen Mangel an vertrauten Beziehungen. Außerdem erlebt er Gefühle von Trauer und Einsamkeit in einer Heftigkeit, die er nicht für möglich gehalten hätte. Die Frage „Was brauche ich?" beantwortet Sebastian für sich so: Er erinnert sich an Zeiten, in denen er Gott sehr nahe war. Er denkt an alte Freunde, zu denen er tiefe Beziehungen hatte, die fast eingeschlafen sind. Sebastian kann also folgende Fragen mit in eine geistliche Übung nehmen:

- Wie finde ich wieder Zeiten und Orte, in denen ich deine Nähe, Gott, erleben kann?
- Zu welchen Freunden kann ich die Beziehung wieder aufleben lassen?
- Wer kann gerade gut aushalten, wie es mir wirklich geht?
- Und gibt es noch etwas anderes, Gott, durch das du mich gerade versorgen willst?

Außerdem fragt sich Sebastian, was ihm gerade nicht guttut. Das sind die oberflächlichen Gespräche im Kreis der Kollegen, in der Kantine oder beim Kollegenstammtisch am Freitagabend. Sebastian fühlt sich dabei unglaublich leer und fehl am Platz. Außerdem hat er einen „Freund", den er selbst nicht als Freund bezeichnen würde. Der lässt ihn kaum zu Wort kommen, weil er unaufhörlich über sich selbst redet. Er ist ganz nett und sie haben auch schon schöne Dinge unternommen, aber im Moment hat Sebastian einfach nicht die Kraft, ihm zu begegnen. Manches tut in Krisen einfach nicht mehr gut. Sebastian kann folgende Fragen in eine geistliche Übung im zweiten oder dritten Teil des Buches mitnehmen:

- Wovon und von wem sollte ich mich zurückziehen?
- Wie kann ich es anderen gut erklären, dass ich mich gerade nicht verabreden, nicht telefonieren oder nicht dabei sein will?

Wenn Malte sich die gleichen Fragen stellt, dann geht es darum, was ihm in den augenblicklichen Zwängen seines Lebens guttut und was nicht. Für Julia geht es um die Frage, was ihr in der bedrohlichen Ehesituation Sicherheit gibt und ob es Menschen und Situationen gibt, denen sie sich gerade lieber nicht anvertrauen sollte.

Möglicherweise zwingt dich also die Krise, eine fürsorgliche Beziehung zu dir selbst aufzubauen. Auch das wird dich nach der Krise weiterbringen. Denn wer sich selbst kennt, setzt sich bewusster zu anderen in Beziehung. Nur wer sich selbst spürt, kann anderen ein spürbares Gegenüber sein. Je reicher du innerlich bist, desto mehr kannst du einem anderen schenken. Je sicherer du dich fühlst, desto geborgener fühlen sich andere in deiner Nähe. Je freier du bist, desto freier fühlen sich andere mit dir.

Noch ein bewährter Tipp zum Schluss: Triff in der Krise keine weitreichenden Entscheidungen, zum Beispiel, ob du eine Beziehung beendest, deinen Job wechselst oder eine größere Anschaffung machst. Auch wenn du dich während einer geistlichen Übung zu einer bestimmten Entscheidung ermutigt fühlst, warte, bis die Krise vorüber ist. Wenn die Zeit drängt, dann besprich dich mit einer lebenserfahrenen Person und prüfe, ob die Entscheidung wirklich tragfähig ist.

HERAUSFORDERUNGEN MEISTERN MIT DEM HERZENSKOMPASS

Eine Herausforderung bedeutet: Etwas ist eigentlich zu hart oder zu schwierig für dich, aber es bringt dich weiter, wenn du dich trotzdem dieser Aufgabe stellst. Manche Schwierigkeiten kommen einfach so in dein Leben. Du hast sie dir nicht ausgesucht und hättest sie dir auch nie selbst gewählt. Das kann die Begegnung mit unangenehmen Menschen sein. Es können Situationen sein, die dich unter Zeitdruck bringen oder mit schier unlösbaren Problemen konfrontieren. Andere Schwierigkeiten wählst du selbst. Denn sie gehören dazu, wenn du dein Ziel erreichen willst.

Eine Herausforderung meisterst du eigentlich ganz einfach. Du musst nur

- gelassen bleiben,
- geduldig Lösungen suchen und diese ausprobieren,
- Hilfe suchen, wo du allein überfordert bist.

Auf diese Weise sind Menschen schon zum Mond geflogen oder haben Machthaber friedlich zum Abtreten gebracht. Doch wer bringt eine solche Gelassenheit, Geduld und ein solches Vertrauen auf? Du. Wenn du dich Schritt für Schritt auf den Weg machst.

Herausforderungen konfrontieren uns mit Frust, Druck und Gefahren. Wo uns das überfordert, rutschen wir in kindliche Gefühle und Sichtweisen zurück. Dann fühlen wir uns hilflos, klein, schwach, allein gelassen, vielleicht sogar weinerlich oder wehleidig. Daran kannst du unter anderem erkennen, ob eine Herausforderung dich (noch) überfordert.

Führe dir einmal eine Situation vor Augen, in der dich eine Herausforderung überfordert hat. Wie hast du dich gefühlt? Halte hier deinen kindlichen Überforderungszustand fest. Versuche Worte zu finden, die klarmachen, ob es dabei eher um einen Mangel (Frust), eine Fremdbestimmung (Druck) oder eine Bedrohung geht. (Ich, Jörg, fühle mich in solchen Situationen mit Verantwortung und Schwierigkeiten alleine gelassen, bemitleide mich und bin sauer auf Menschen, die mich im Stich lassen. Das ist eindeutig ein Mangel.)

Möglicherweise spürst du die kindlichen Überforderungsgefühle gar nicht – weil deine Schutzmechanismen schneller sind. Vielleicht ziehst du dich zurück oder distanzierst dich innerlich. Vielleicht wirst du auch aggressiv oder anderen gegenüber dominant. Oder du resignierst, gibst deine Ziele auf und fügst dich in eine unangenehme Situation. Solche Reaktionen lindern die Überforderungsgefühle. Oder sie beseitigen sie sogar. Aber sie helfen nicht gerade, eine Herausforderung zu meistern.

An welchen Schutzmechanismen kannst du erkennen, dass dich eine Herausforderung überfordert? Halte deine Reaktionen hier fest. Sie sind neben den kindlichen Überforderungsgefühlen ein Zeichen für dich, dass du eine Stärkung brauchst.

Wenn die nächste Herausforderung kommt, dann nimm eine Frage wie eine der folgenden mit in eine geistliche Übung:

Mangel:

- Wie, Gott, kann ich dem Frust standhalten?
- Was willst du mir schenken, damit ich durchhalte?
- Wie finde ich das Vertrauen, dass ich nicht alleine mit der Herausforderung bin?

Fremdbestimmung:

- Wie, Gott, kann ich dem Druck standhalten?
- Wie stellst du meine Freiheit wieder her?
- Welche Spielräume und Möglichkeiten schenkst du mir, mit denen ich die Herausforderung meistern kann?

Bedrohung:

- Wie, Gott, kann ich meiner Angst standhalten?
- Wie möchtest du mich gerade stärken?
- Welchen Schutz hast du für mich vorbereitet?
- Wie finde ich das Vertrauen, dass ich es mit deiner Hilfe schaffe und am Ende etwas Gutes erreiche?

Eine Herausforderung solltest du allerdings nur annehmen, wenn es sich lohnt. Manche Menschen sind böse, manche Situationen sind schädlich – dann bringst du dich besser in Sicherheit. Gott ist allmächtig, aber Fliehen ist trotzdem eine biblische Disziplin: Die heilige Familie flieht vor den Mordanschlägen des König Herodes nach Ägypten (Mt 2,13-15); Jesus entzieht sich der Menge, die ihn von einem Abhang stürzen möchte (Lk 4,29-30); der Jesus-Botschafter Paulus flieht mehrfach aus einer Stadt, um sein Leben zu retten (z. B. Apg 9,23-25). Deine Frage für die geistliche Übung könnte also auch lauten:

- Ist das, Gott, was vor mir liegt, eine chancenreiche Herausforderung oder eine Situation, die mir schaden könnte und vor der ich mich lieber in Sicherheit bringe?

Und falls es keine positive Herausforderung ist:

- Wie, Gott, bringe ich mich hier in Sicherheit?
- Wie stoppe ich den Frust?
- Wie entziehe ich mich der Fremdbestimmung?
- Wie hilfst du mir dabei?
- Wo hast du vielleicht schon einen Ort von Sicherheit, Versorgung und Freiheit vorbereitet?

Doch normalerweise wachsen wir an unseren Herausforderungen und erreichen trotzdem unsere Ziele. Je mehr du aus der Wirklichkeit Gottes lebst, desto gelassener, geduldiger und vertrauensvoller kannst du auch unangenehme Herausforderungen annehmen.

DEINE BERUFUNG LEBEN MIT DEM HERZENSKOMPASS

Von deiner Berufung kann eine große Kraft ausgehen. In ihr zu leben, bedeutet eine tiefe Befriedigung und setzt eine Widerstandskraft frei, die kaum ein Hindernis scheut.

Trotzdem ist Berufung ein schwieriges Thema, finde ich (Jörg). So schwierig, dass ich mich als Autor und Seminarleiter von ihm zurückgezogen habe. Das kam so. 2006 habe ich mit „Lebensziel Berufung" ein Buch zu diesem Thema veröffentlicht. Es wurde von Lesern und christlichen Medien gut aufgenommen. Entsprechend viele Anfragen für Seminare haben mich erreicht. Dabei habe ich versucht, das Thema nach zwei Seiten hin zu entfalten. Zum einen wollte ich Menschen Mut machen, ihr Leben und ihre Gaben in eine Lebensaufgabe zu stellen. Andererseits habe ich betont, dass manche Lebenssituationen nicht viele Spielräume lassen und sich eine Berufung manchmal im Kleinen findet, gelegentlich sogar in Sachzwängen, die man sich selbst nie gewählt hätte. Aber wie ich es auch anging, immer schien ich einige Teilnehmer zu frustrieren und zu verletzen. Manche reagierten, als hätte ich gesagt: „Hör auf zu träumen, finde dich mit deinem Leben ab und mach das Beste daraus, indem du das, was ist, zu deiner Berufung erklärst." Andere schien das Thema unter Druck zu setzen und sie entschuldigten sich traurig, dass sie durch ihre Lebensumstände an ihrer Berufung gehindert würden. Sosehr mir Einzelne versicherten, dass sie von dem Seminar profitiert hätten, konnte mich das nicht über das Empfinden der anderen hinwegtrösten. Also gab ich auf. Offenbar ist das Thema Berufung auch mit Selbstwertverletzungen verbunden. Der Psychoanalytiker Michael Lukas Möller schrieb einmal: „Nichts enttäuscht mehr als die Unmöglichkeit, nach dem eigenen Wesen zu leben."[2]

Was genau ist eine Berufung? Eine hilfreiche Definition wird dem amerikanischen Prediger Frank Buchmann zugeschrieben. Sie lautet: „Berufung ist der Ort, an dem deine tiefste Freude auf die größte Not der Welt trifft." Die Leidenschaft eines Menschen trifft auf einen Ort, an dem sie Gutes bewirkt. Damit ist eine Berufung an mehreren Punkten aufgehängt: Wo braucht man mich? Welche Not berührt mich so, dass sie mich zum Einsatz motiviert? Wo bewirken meine Fähigkeiten und meine Leidenschaft am meisten? Oft passt das Wort „Lebensaufgabe" ganz gut, um für Berufung eine moderne, verständliche Bezeichnung zu finden. Glaubende gehen davon aus, dass sich eine solche Lebensaufgabe nicht zufällig stellt, sondern ein Auftrag von Gott ist. Im Wort Berufung steckt schon die Wahrheit, dass es ein anderer ist, der uns beruft. Es geht um eine Antwort auf einen Ruf, nicht um etwas, das wir uns aussuchen. Unsere Antwort mag leidenschaftlich und einsatzfreudig sein, ihr muss aber offensichtlich ein Warten und Hören vorausgehen. Doch das bedeutet keine Passivität. Zumindest in der christlichen Tradition bedeutet Warten immer ein glaubendes Erwarten, ein Hören, vielmehr ein Horchen, in das Glau-

---

2 Moeller, Michael Lukas (1992): Die Wahrheit beginnt zu zweit. Das Paar im Gespräch. Rowohlt Verlag, Reinbek bei Hamburg, S. 46

bende ihre ganze Aufmerksamkeit und ihr Vertrauen legen. Ein aktives Nichtstun ist für moderne Menschen ein schwer zugängliches Paradox. Vielleicht bin ich in meinen Seminaren auch daran gescheitert. Mit dem Herzenskompass nehme ich nun einen neuen Anlauf.

Der Herzenskompass hilft dir, deiner Berufung zu folgen, auch durch Frustrationen und Widerstände hindurch. Unsere Gesellschaft ist nicht immer menschenfreundlich organisiert und auch Menschen selbst tragen immer eine Mischung aus guten und bösen Neigungen in sich. Dadurch gerät manche Berufung in die Krise, bevor sie sich richtig entfaltet. Mein Beruf als Psychotherapeut kann hier als Beispiel dienen: Kollegen in der Krise fühlen sich ausgelaugt, ausgesaugt und ausgebrannt (Mangel), weil sie sich den Bedürfnissen anderer zu sehr zugewandt und zu viele Lasten mitgetragen haben. Sie fühlen sich von den Vorschriften eingeengt, die Kostenträger wie Krankenkassen vorgeben. Gleichzeitig fühlen sie sich manchmal von ihren Patienten für Ziele eingespannt, hinter denen sie nicht stehen können (Fremdbestimmung). Außerdem fühlen sie sich der Wut, den Vorwürfen und den Unterstellungen mancher Patienten ausgeliefert. Denn wer Schlimmes erlebt hat, bringt auch Schlimmes in die therapeutische Beziehung ein (Bedrohung). Jede Berufung, sei es eine soziale, politische, technische, künstlerische oder geistliche, kann in eine Krise kommen, weil sie früher oder später in eine Situation von Mangel, Fremdbestimmung oder Bedrohung führt.

Oft muss man sich gerade am Anfang durch einen Engpass von Mangel, Fremdbestimmung oder Bedrohung zwängen, bevor man in seine Lebensaufgabe eintreten kann. Ein politisches Amt erlangen zum Beispiel nur Menschen, die eine Wegstrecke von Kompromissen und Anpassung auf sich nehmen (Fremdbestimmung). Irgendwann aber gelangen sie an eine Position, in der sie Gesellschaft gestalten und so anderen dienen können. Menschen mit einer künstlerischen Berufung machen oft finanziell bedrohliche Phasen durch, bis sich ihre Berufung mit einem ausreichenden Einkommen verbindet (Bedrohung). Auch das Ausprobieren von Gaben und die Suche nach einem geeigneten Einsatzort führt oft durch Durststrecken (Mangel), bis Menschen die Erfahrung machen, dass sie andere beschenken und dabei selbst beschenkt werden.

Je nachdem, wo du gerade stehst, kannst du dich mit dem Herzenskompass auf den Weg machen: deine Berufung finden, deine Berufung entfalten und deine Berufung schützen.

Deine Berufung finden

Der Herzenskompass macht es dir leichter zu erkennen, was du anderen zu geben hast und was deine Leidenschaft ist. Dazu stellen wir dir typische Fähigkeiten und Antriebskräfte in den drei grundlegenden Lebensbereichen vor.

Typische Gaben und Motivationen im Lebensbereich Liebe:

- Herzenswärme;
- Großzügigkeit;
- Bereitschaft zum Geben und zum Dienen;
- ein echtes Interesse an anderen Menschen und ihrem Wohlergehen;
- ein Gespür für schöne Dinge, schöne Räume und eine wohltuende Atmosphäre;
- ein Herz für Arme und Benachteiligte;
- eine Liebe zu Kindern;
- die Motivation, einen „Wohlstand" für sich und andere aufzubauen – sei es materiell oder was Bildung, prakti-

sche Lebenserleichterungen oder auch die Möglichkeiten des Glaubens angeht.

 Typische Gaben und Motivationen im Lebensbereich Freiheit:

- Motivation und Fähigkeiten, Probleme in den unterschiedlichsten Bereichen des Lebens zu lösen (und damit Zeit und Freiheit zu gewinnen);
- ein Herz für Menschen, die „gefangen" sind, zum Beispiel in einer Sucht, in einer Ideologie, in sozial ausweglosen Situationen, oder auch für Menschen, die tatsächlich in Haft leben oder versklavt sind;
- Freude und Motivation, das Denken, den Glauben und die Lebensmöglichkeiten über das hinauszuführen, was gerade ist;
- Abenteuerlust;
- Entdeckerfreude;
- Forscherdrang;
- Erfindungsreichtum;
- ein psychologisches Interesse, Menschen frei zu machen und über ihre bisherigen Grenzen hinauszuführen.

 Typische Gaben und Motivationen im Lebensbereich Vertrauen:

- Motivation und Fähigkeit, ein tragfähiges Lebensfundament aufzubauen, zum Beispiel im Bereich Finanzen, Gesundheit, Glaubensüberzeugungen, Wissen oder praktische Lebensbewältigung;
- Gespür, wo sich Wagnisse lohnen (auch in den fünf genannten Lebensbereichen);
- Menschenkenntnis;
- ein Herz für Menschen, die schutzlos und gefährdet sind;
- Motivation und Fähigkeit, verlässliche Bindungen und

eine tragfähige Gemeinschaft aufzubauen bzw. zu diesen beizutragen;

- Fähigkeit und Motivation, Gefahren vorauszusehen und Probleme abzuwenden, bevor sie eintreten.

Vermutlich spürst du, dass dich einer der drei Bereiche besonders anspricht und dass du dort mehr Fähigkeiten entfaltet hast, als in einem der beiden anderen. Wenn du dich hier von Gott weiterführen lassen möchtest, dann nimm eine der folgenden Fragen in eine geistliche Übung im zweiten Teil des Buches:

- Was genau weckt bei mir die größte Leidenschaft und Einsatzfreude?
- Wo hast du, Gott, mir besondere Gaben geschenkt und mich durch mein bisheriges Leben schon vorbereitet?
- Wo könnte gerade ein Einsatzort sein, um meine Berufung zu entfalten?
- Was müsste ich dazu noch lernen? Wer könnte mich darin ermutigen, unterstützen, begleiten?

Die Berufung entfalten

Wer sich in den Dienst einer Lebensaufgabe stellt, wird Opfer bringen, sich konzentrieren und Wagnisse eingehen. Damit nimmt er unter Umständen Mangel, Druck oder Gefahren auf sich. Mit dem Herzenskompass kannst du dich darauf vorbereiten oder dafür stärken lassen.

Typische Opfer, die Menschen bringen, die sich in den Dienst einer Lebensaufgabe stellen:

- Die Freizeit wird knapper und damit die Zeit für die Menschen und schönen Dinge, die die Freizeit bisher gefüllt haben.
- Das Einkommen ist nicht so hoch, wie es sein könnte, zum Beispiel durch eine Stellenreduktion oder einen weniger gut bezahlten Job, der sich aber mit deiner Lebensaufgabe besser verbinden lässt.
- Wenn die Lebensaufgabe im augenblicklichen sozialen Umfeld (noch) keine Bestätigung findet, fehlen Wohlwollen, Anerkennung und Zugehörigkeit.

Ist das gerade dein Thema? Dann halte hier fest, welches Opfer du gebracht hast oder vielleicht bringen wirst. Nimm in eine geistliche Übung des zweiten Teils die Frage mit:

- Wie kann ich mein Opfer gut tragen?
- Was möchtest du, Gott, mir an genau dieser Stelle schenken, damit ich versorgt bin?

....

....

....

....

....

....

....

Typischer Druck, der entsteht, wenn sich Menschen auf eine Lebensaufgabe konzentrieren:

- Andere äußern Kritik, Enttäuschung oder Vorwürfe, weil du weniger für sie da bist oder ihre Erwartungen nicht (mehr so gut) erfüllen kannst.
- Arbeitgeber oder Kollegen äußern Kritik oder machen bissige Bemerkungen, weil du Überstunden oder freiwillige Mehrarbeit reduzierst.
- Du hast ein schlechtes Gewissen, bist unzufrieden mit dir oder fühlst dich unzureichend, weil du den Erwartungen anderer oder auch eigenen Erwartungen in weniger wichtigen Lebensbereichen nicht mehr genügst.

Musst du einem solchen Druck standhalten, wenn du dich auf deine Lebensaufgabe konzentrierst? Dann bring hier auf den Punkt, worin der Druck genau besteht.

Nimm eine der folgenden Fragen in eine geistliche Übung im zweiten Teil des Buches mit:

- Wie, Gott, kann ich mit dem Druck gut umgehen?
- Wie möchtest du mich genau hier in die Freiheit führen?

....

....

....

....

....

....

....

 Typische Wagnisse, die Menschen im Dienst an einer Lebensaufgabe eingehen:

- Menschen beschämen dich oder grenzen dich aus, weil sie die Wichtigkeit deiner Lebensaufgabe nicht nachvollziehen können oder nicht akzeptieren wollen.
- Du kommst in finanzielle Engpässe, weil du zugunsten einer Lebensaufgabe auf eine finanzielle Absicherung verzichtet hast und nun vor einer unvorhergesehenen Ausgabe stehst.
- Du erleidest ein Scheitern und Misserfolge, weil dein sozialer, technischer, künstlerischer ... Einsatz noch nicht so gelingt wie beabsichtigt.

- Böse Menschen oder widrige Umstände zerstören (einen Teil dessen), was du aufgebaut hast.
- Du entwickelst Symptome einer körperlichen oder psychischen Überlastung, weil du dich an die Grenzen der eigenen Belastbarkeit gewagt hast.

Verwechsle ein notwendiges Risiko aber nicht mit Verhaltensweisen, die dich unnötig in Gefahr bringen. Wer zum Beispiel auf den Rat erfahrener Menschen verzichtet, wer sich und seine Fähigkeiten und Möglichkeiten überschätzt, wer zu unguten Mitteln greift, um schneller zum Ziel zu kommen, der sollte sich lieber korrigieren als mit Gottes Schutz für seinen Leichtsinn rechnen.

Zahlst du gerade einen Preis für ein Wagnis? Oder stehst du kurz davor, ein Wagnis einzugehen, um deine Lebensaufgabe in Angriff zu nehmen? Dann halte hier fest, welches Wagnis du genau eingehst. Nimm eine der folgenden Fragen in die geistlichen Übungen im zweiten Teil des Buches mit:

- Wie schützt du mich, Gott, in genau dieser Gefahr?
- Wie machst du mich stark, falls eintritt, was zu befürchten ist?

Die Berufung schützen

Wo du dich in einer Aufgabe bewährst, da wachsen dir neue Chancen und mehr Verantwortung zu. Möglicherweise findest du auch Zugang zu Mitteln und Menschen, die dich in deinem Dienst unterstützen. Das ist gut und oft notwendig. Doch je mehr ein Dienst wächst, umso mehr Zeit, Aufmerksamkeit und Kraft verbraucht er auch – und umso stärker sollte er geschützt werden.

Ich (Jörg) habe schon einige Menschen begleitet, deren Dienst sich wunderbar entwickelte. Und trotzdem kamen sie mit Burn-out-Symptomen. Zum Beispiel beklagte sich die Familie, dass diese Menschen zu Hause geistesabwesend und gefühlsarm seien. Sie waren tief erschöpft. Sie kamen nicht mehr zur Ruhe und reagierten gereizt auf Kleinigkeiten. Die Begleitung bestand dann hauptsächlich darin, für ihren Dienst mehr Schutz aufzubauen. Auch das Thema Schutz lässt sich in die Grunderfahrungen Mangel, Fremdbestimmung und Bedrohung gliedern.

Mangel

- Mehr Schutz vor Energieräubern. Es gibt Menschen, die sehr bedürftig sind. Selbst wo sie ehrenamtlich mithelfen, kostet ihre Betreuung viel Kraft und Zeit. Nicht immer passt das zu den Zielen der Aufgabe. Gibt es einen anderen Menschen mit Herz, der deinen Energieräuber betreuen kann? Wenn nicht, ist dieser vielleicht nicht der richtige Kooperationspartner.
- Mehr Schutz vor Ablenkungen. Irgendwann kann man nicht mehr jede Chance nutzen, jede Anfrage oder jeden Auftrag annehmen. Besser konzentriert man sich auf das wenige, was für die Lebensaufgabe wirklich wichtig ist.

- Mehr Schutz vor Ressourcenarmut. Für manche Aufgaben finden sich einfach keine Mittel, Möglichkeiten oder Menschen. Dann ist es besser loszulassen. Vielleicht verändert sich die Ressourcenarmut später irgendwann. Oder ein bestimmter Dienst ist für dich einfach nicht dran. (Ich liebe zum Beispiel Gruppentherapie. In einer Klinik gehören Gruppen fest zum Therapieprogramm. Doch in meiner Praxis ist es schier unmöglich, Menschen dafür zu gewinnen, dass sie ihre persönlichsten Themen in einer Gruppe bearbeiten. Diesen Dienstbereich habe ich aufgegeben, es hätte unverhältnismäßig viel Zeit und Kraft gekostet, ihn aufzubauen.)

Fremdbestimmung

- Mehr Schutz vor Grenzüberschreitern. Manche Menschen sind sehr einsatzfreudig, wollen dafür aber in allem mitreden und mitbestimmen. Wer sich gegen ihre Dominanz wehren will, wird in anstrengende Machtkämpfe verwickelt. Von solchen Persönlichkeiten trennt man sich am besten schnell. Wenn das nicht möglich ist, verringert man die Kooperation und Begegnungen auf das kleinstmögliche Maß.
- Mehr Schutz vor Abhängigkeiten. Eine gewisse Abhängigkeit von Sponsoren, Vermietern, Politikern, Verwaltungen, Behörden oder der Presse ist bei manchen Aufgaben nicht zu vermeiden. Doch die Abhängigkeit kann einen Dienst auch lähmen oder sogar ersticken. Dann ist es besser, sich aus der Abhängigkeit zu lösen und dafür vielleicht vorübergehend Nachteile auf sich zu nehmen.

 Bedrohung

- Mehr Schutz vor aggressiven, unberechenbaren, empfindlichen oder rachsüchtigen Menschen. Es gibt Menschen, die gefährlich werden können. Für Aggression, Unberechenbarkeit, Empfindlichkeit und Rachsucht gibt es Frühwarnzeichen. Sobald diese sichtbar oder spürbar werden, solltest du die Beziehung oder Kooperation aufgeben bzw. auf das unvermeidliche Maß verringern.
- Mehr Schutz vor Gefahren: Sorge in finanziellen, rechtlichen und steuerlichen Fragen für eine gute Absicherung. Falls du in eine gefährliche Situation geraten bist, dann investiere genug Zeit und Aufmerksamkeit, dich wieder auf eine sichere Grundlage zu stellen. (Eine Kirchengemeinde zum Beispiel, die ein Gemeindehaus baut, für das sie noch nicht die gesamten Spendenmittel hat, kann mit Gottes Hilfe rechnen. Eine Gemeinde dagegen, die ihre Kasse schludrig und gesetzeswidrig führt, kann das nicht. Ihr wird die fehlende Grundlage irgendwann zum Verhängnis.)

Braucht eine Berufung einen größeren Schutz? Dann haben dir die Beispiele vielleicht gezeigt, wo du deinen Dienst schützen solltest. Finde auf der Grundlage der folgenden Fragen deine eigene und nimm sie mit in eine geistliche Übung im zweiten Teil des Buches:

Wo, Gott, möchtest du mich schützen vor

- auslaugenden Menschen
- Ablenkung
- Ressourcenmangel
- dominanten Menschen
- Abhängigkeiten

- gefährlichen Menschen
- Gefahren

Und wie willst du das tun?

....

....

....

....

....

....

....

Wenn Verantwortungsträger eine oder zwei dieser Maßnahmen umsetzen, verschwinden die Burn-out-Symptome schnell. Nur selten erlebe ich es, dass sich Menschen über Jahre unter schädlichen Bedingungen eingesetzt haben. Dann kann es ein oder zwei Jahre dauern, bis die Burn-out-Symptome abklingen. Lass es lieber nicht so weit kommen!

Dieses Kapitel zur Berufung kann dir wie eine Checkliste dienen, die du dir hin und wieder vornimmst. Viele Menschen durchlaufen in ihrem Leben den Prozess mehrfach: Sie entdecken in veränderten Lebensumständen die eigene Lebensaufgabe neu, sie entfalten sie und schützen sie vor schädlichen Einflüssen.

Teil 2:
AUF DEM WEG
MIT GEISTLICHEN ÜBUNGEN

Nun darf ich (Andreas) dir geistliche Übungswege aufzeigen. Gott hat großes Interesse, uns Menschen in unserem Leben zu formen. Und er hat Freude daran. Jörg und ich haben das in unserem Leben und in der Begleitung von Menschen erfahren dürfen. Unser beziehungswilliger Gott will uns helfen, beziehungsfähiger zu werden. Er weckt unsere Liebe, führt uns in die Freiheit und entzündet unser Vertrauen.

Jesus zeigt uns den Weg dorthin. In der Bergpredigt lehrt er zum Beispiel: „Wenn du betest, geh in deine innere Kammer, schließe die Tür und bete zu deinem Vater, der im Verborgenen ist! Und dein Vater, der im Verborgenen sieht, wird dich belohnen. Euer Vater weiß, was ihr benötigt, ehe ihr ihn bittet." (Matthäus 6,6-8; eigene Übersetzung). Die Tür zur Umgebung darf geschlossen werden. Dann beeinflussen uns die Blicke und Erwartungen der anderen nicht mehr. Geistliche Übungen geschehen zu einer Zeit und an einem Ort, an denen wir abgeschieden sind und zur Ruhe kommen. Das faszinierende Geheimnis ist: Du bist dann nicht allein. Gott ist gegenwärtig. Er wartet schon auf dich. Er sieht dich und weiß, wie es dir geht. Jesus verspricht: Gott wird dich belohnen! Eine Gebetszeit oder geistliche Übung sind nie umsonst. Etwas Heilsames geschieht – ob du es gleich spürst oder nicht. Gott weiß, was du gerade am Nötigsten brauchst. Du brauchst nur zu kommen und dich hinzuhalten. Mit ein wenig Übung wirst du achtsamer, wie Gott dich in den Übungen – und danach in deinem Alltag – berührt.

Wie wir uns den Übungsteil gedacht haben, erkläre ich mit dem folgenden Schema (siehe Abbildung auf S. 117):

Du hast im ersten Teil des Buches eine Frage formuliert. In deiner Frage liegt vielleicht ein Wunsch nach einer Veränderung, nach einer Klarheit oder einer Stärkung. Vielleicht spürst du hinter deiner Frage eine tiefere Sehnsucht nach Heilung oder Wegweisung. Wir glauben, dass der Heilige Geist in so einer Sehnsucht ein wenig mitzieht und dich einlädt, dich auf den Weg zu machen. Mit deiner Frage im Hinterkopf suchst du dir eine geistliche Übung, die dich anspricht oder dich neugierig macht. Weiter unten stelle ich dir jede Übung kurz vor.

Eine geistliche Übung bietet dir einen Rahmen, der dir Erfahrungen ermöglicht. Am Ende jeder Übung wirst du angeleitet, deine Erfahrung zu reflektieren und betend mit Gott zu bewegen. Vielleicht wird dir dabei schon bewusst, wie Gott dich in deiner Ausgangsfrage anspricht. Vielleicht verändert er aber auch deine Frage. Oder er führt dich auf einen Weg, auf dem du ganz allmählich zu einer Antwort findest.

Aus der Übung gehst du wieder in den Alltag. Im Alltagsgeschehen wirst du zunehmend sensibel für die besonderen Momente, die dir von Gott her geschenkt werden. Das geschieht besonders durch die erste Übung „Achtsam werden für Berührungen von Gott".

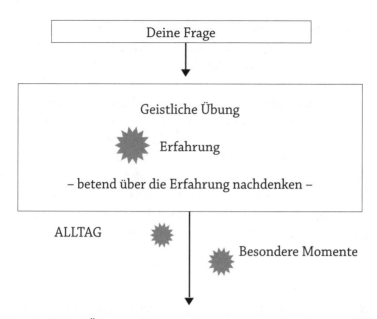

In geistlichen Übungen lädt uns Gott ein, unsere Ziele zu verfolgen und gleichzeitig offen für ganz unerwartete Wege zu sein. Das erfordert von dir, dass du deine Ausgangsfrage während der Übung loslässt und in den Hintergrund treten lässt. Dies tun wir, weil wir darauf vertrauen, dass Gott weiß, was du brauchst (Matthäus 6,8). Es kann sein, dass dich etwas in einer Übung anders berührt, als du es dir vorgestellt hast – und doch könnte es genau das sein, was du jetzt brauchst. Gott hat dein ganzheitliches Wohl im Blick, das deinen Körper, deinen Verstand und deinen Geist umfasst.

Ich (Andreas) durfte schon mehrmals erleben, dass sich unter einer zuerst formulierten Sehnsucht (oder einem Heilungswunsch) mit der Zeit ein noch tiefer liegendes Bedürfnis gezeigt hat, das Gott berühren möchte.

Zum Beispiel suchte ich in einer turbulenten Zeit Klarheit von Gott: Was sollte ich, was wollte ich in meinen ambivalenten Gefühlen gegenüber einer Freundin? Mein geistlicher Begleiter gab mir die Frage mit: „Wer bin ich?" Darüber sollte ich mir Gedanken machen. „Hä?", dachte ich. Zuerst konnte ich mit der Frage nichts anfangen. Dennoch ahnte ich, dass sie wichtig war. Im weiteren Nachdenken dämmerte mir, was Gott in dieser Zeit in mir tat. Gott gründete meine Identität, damit ich vielleicht später einmal aufrecht in eine neue Beziehung gehen konnte.

Wenn du ein paar Wochen übend unterwegs warst, kannst du zurückblicken. Die Übung „Rückblick" haben wir dafür ans Ende des zweiten Teils gestellt (S. 177). In diesem Rückblick wirst du auch angeleitet, deine Ausgangsfragen noch mal in den Blick zu nehmen. Vielleicht erkennst du dabei eine umfassendere Antwort, die sich aus mehreren Erfahrungen zusammenfügt, die du in verschiedenen Übungen gemacht hast.

Hier stellen wir dir nun die übrigen Übungen vor.

- „Achtsam werden für Berührungen von Gott" (S. 120) heißt die erste Übung. In ihr übst du ein, dich an besondere Erfahrungen zu erinnern und sie körperlich wahrzunehmen. Dadurch wirst du mit der Zeit auch mitten in deinem Alltag wach für Berührungen, die Gott dir schenkt.
- „Gottes Gegenwart in der Natur erfahren" (S. 130) heißt die zweite Übung. In ihr gehst du hinaus in die Natur und öffnest deine Sinne. Auch durch sie wirst du mit der Zeit in deinem Alltag gegenwärtiger für Gott, der dir in jedem Moment nahe ist.

Diese ersten beiden Übungen sind grundlegend und dürfen parallel zu einer der anderen Übungen praktiziert werden. Sie formen in dir eine hörende Haltung.

- In der Schriftbetrachtung (S. 135) näherst du dich einem Medium, durch das Gott immer noch am liebsten mit uns kommuniziert: der Bibel. Hier wählst du eine von zwei

Methoden der Bibelbetrachtung und suchst Texte aus, die dem Grundgefühl deines Themas oder deiner Ausgangsfrage entsprechen.

Nun folgen Übungen, die noch spezieller einem der drei Grundgefühle Mangel, Fremdbestimmung oder Bedrohung zugeordnet sind.

- „In die Wüste gehen" (S. 155) kannst du, wenn du unter Mangel leidest. Die Wüste ist ein Ort, an dem es wenig gibt. Paradoxerweise ist es genau da, wo Gott etwas in uns transformiert und uns schließlich leise Liebesworte in unser Herz flüstert. (Hos 2,16)
- „Freiraum aufsuchen" (S. 159) kannst du in zwei Übungen, wenn du dich fremdbestimmt erlebst. Im Freiraum können auch neue Handlungsoptionen klar werden.
- „Die Angst annehmen, bis sie weicht" (S. 164) wird dir helfen, auch in unangenehmen Gefühlen deiner Verbindung mit Gott gewahr zu werden, dich zu bergen und mit Gott Mut zu fassen.
- In der Übung „Entgegen handeln" (S. 171) wird es noch praktischer. Du findest kleine, realistische Schritte oder Aktionen, die mit Gottes Hilfe in eine gute Richtung führen.

Nimm nun deine Ausgangsfrage in eine geistliche Übung mit, von der du dich angesprochen fühlst. Wenn du keinen Impuls in Richtung einer bestimmten Übung verspürst, dann beginn mit der ersten Übung „Achtsam werden für Berührungen von Gott". Die Aufmerksamkeit, die du hier gewinnst, erleichtert dir alle übrigen Übungen.

ACHTSAM WERDEN FÜR BERÜHRUNGEN VON GOTT

In dieser Übung erfährst du die nonverbale Kommunikation Gottes mit dir, seine Mitteilungen ohne Worte. Aus der Kommunikationspsychologie wissen wir, dass Menschen einander viel mehr mitteilen als das, was sie in Worten ausdrücken. Auch Gott zeigt seine Liebe und Wegweisung mit Mitteln, die keine Worte brauchen. Wenn du nur diese Übung in dein Leben integrierst, hätte sich dieses Buch schon gelohnt.

Achtsam werden für Berührungen ist die grundlegendste Übung. Wir empfehlen, dass du mit ihr beginnst. Danach kannst du eine weitere Übung hinzunehmen, die dich besonders anspricht und vielleicht am besten zu deiner Ausgangsfrage aus dem ersten Teil des Buches passt.

Es gibt Erfahrungen, die dir guttun, die eine besondere Tiefe haben, die sich überraschend ereignen oder die dich vielleicht zu Tränen rühren. In diesen Momenten erlebst du dich vielleicht besonders wach und gegenwärtig. Oder du wirst von etwas Schönem berührt. Die Worte eines Menschen oder ein Bibelwort treffen dich in einer besonderen Weise. Eines haben all diese Erfahrungen gemeinsam: Sie haben eine „Mehr"-Qualität. Nachher bist du zum Beispiel

- ruhiger oder hoffnungsvoller (wo es vorher unruhig war oder düster ausschaute)
- liebevoller
- fröhlicher oder dankbarer
- etwas mehr verbunden mit Menschen oder der Schöpfung
- freier (von bestimmenden Gedanken)
- etwas mehr getröstet, in etwas, unter dem du leidest
- gelassener oder vertrauensvoller
- auf gute Weise sehnsüchtiger nach Gott

Solche besonderen Momente kann man auch religiöse Erfahrungen nennen. In der ignatianischen Tradition heißen sie Tröstungen. Ich nenne sie gerne Berührungen. Denn das sind sie. Gottes Geist macht sich bemerkbar und berührt dich wie eine Person in deinem Leben, die dich liebt und nur dein Bestes im Sinn hat. Natürlich ist nicht jede Erfahrung, die dich positiv berührt, auch eine Berührung von Gott. Trotzdem darfst du auch sie spüren, dankbar annehmen und genießen. Im Lauf deiner Übungen entwickelt sich dein Unterscheidungsvermögen. Du nimmst leichter wahr, ob eine Erfahrung einen natürlichen Ursprung hat oder ob Gott sich dir darin zuwendet. Mehr dazu findest du im dritten Teil des Buches unter der Frage: „Ich zweifle, ob meine Berührungen von Gott echt sind. Könnte es nicht sein, dass solche Erfahrungen gar nichts mit Gott zu tun haben?" (S. 190).

Am Anfang wird es dir vielleicht nicht leichtfallen, besondere Momente auszumachen. Wenn du diese besondere „Mehr"-Qualität in Erfahrungen, die wir oben beschrieben haben, noch nicht wahrnimmst, warte Tag für Tag darauf. Du kannst auch Gott bitten, dass er dich für Zeichen seiner Liebe aufmerksam macht. Jesus zeigt uns in Gleichnissen einen Bauern, der in seinem Alltagsgeschäft plötzlich einen Schatz im Ackerboden findet, und einen Perlenhändler, der schöne Perlen sucht. Warte so suchend oder neugierig, was dir der Tag bringen wird, und lass dich überraschen.

Ich durfte eine alleinerziehende Mutter begleiten. Etwas im Gleichnis über den suchenden Perlenhändler sprach sie an. Sie kam auf die Idee, ein Bild mit einer Perlenkette zu malen, die symbolisch über ihrem Alltag hängt. Dann übte sie es ein, nach Perlen Ausschau zu halten und diese auf eine Schnur zu fädeln. Ihre Perlen waren Gottes Berührungen in besonderen Momenten. Zu jedem weiteren Begleitgespräch brachte sie eine oder zwei Perlen mit. Wir betrachteten sie gemeinsam. Einmal war es z. B. ein tröstlicher Moment, der sich ereignete, als sie sehr um ihre kranke Tochter besorgt war. Ein einfacher Gedanke fiel ihr ein wie ein Lichtstrahl, der sie hoffnungsvoll machte. Über die Monate sammelte sie so eine schöne, lange Perlenkette. Ein wertvolles Geschenk von Gott, dem wahren Liebhaber ihrer Seele.

Wie kannst du auf Gottes Berührungen aufmerksam werden? Idealerweise wärst du in deinem Alltag so aufmerksam, dass du die Berührungen von Gott einfach wahrnimmst. Aber das ist unrealistisch, vor allem am Anfang. Unser Alltag ist voller Ablenkungen. Deine Achtsamkeit baut sich durch kleine Übungen auf, für die du dir Zeit nimmst. Viele machen mit einem Tagesrückblick gute Erfahrungen. Dazu findest du hier eine Anleitung. Falls du dir auch während des Tages Zeit für eine Übung nehmen kannst, blickst du mit der gleichen Anleitung auf weniger Stunden zurück und gehst achtsamer in die Stunden, die noch vor dir liegen.

www.derherzenskompass.de/beruehrungen

Übung: Tagesrückblick

> Ich komme innerlich zur Ruhe und führe mir vor Augen:
> Gott ist gegenwärtig. Ich bin da vor Gott.
> Ich nehme meinen Tag aufmerksam und liebend wahr. Mir kommen Szenen in Erinnerung. Ohne sie zu werten und zu beurteilen, betrachte ich sie, bleibe ein wenig dabei, spüre nach, wie ich in dem Moment gestimmt war, und gehe dann weiter … Dies kann im „Zeitraffertempo" und manchmal auch in „Zeitlupe" geschehen.
> Wenn möglich, wähle ich nun eine Erfahrung aus, die etwas hervorsticht. Ein „besonderer Moment", der wohltuend war und noch etwas nachklingt in mir. Ich nehme mir Zeit, die körperliche Stimmung wahrzunehmen, die ich in dem Moment gefühlt habe.

- Wo in meinem Körper habe ich die Berührung empfunden? Wie war das?
- Kann es sein, dass mir in dieser Erfahrung etwas von Gott her zukam? Falls ja, was hat Gott getan?

> Ich schließe mit einer Gebetszeit. Ich danke Gott für alles Gute und Schöne …
> Wenn mich jetzt noch etwas belastet oder etwas noch offen ist, halte ich es Gott hin und bitte um Heilung oder Lösung.
> Ich öffne meine Augen. Wenn in der besonderen Erfahrung,

an die ich mich erinnert habe, vielleicht eine Berührung von Gott war, nehme ich mir noch ein wenig Zeit. Ich denke über folgende Frage nach:

- Wie war Gott für mich (vielleicht fallen mir dazu Eigenschaftswörter ein)?
- Was löst das jetzt in mir aus? (evtl. Gefühle wie z. B. Sehnsucht, Hoffnung …)
- Was tue ich damit? (Was möchte ich Gott antworten?)
- Gibt diese Erfahrung schon eine Antwort auf meine Ausgangsfrage aus dem ersten Teil des Buches? Falls nicht, halte ich meine Frage einfach offen, bleibe achtsam für Antworten und auch offen dafür, dass Gott meine Frage verändert.

Eine zweite Anleitung hilft dir, Berührungen von Gott wahrzunehmen und aufzubewahren. Manchmal überrascht dich ein besonderer Moment. Dann kannst du innehalten, den Moment auskosten und ihn aufbewahren. Deine Bereitschaft, besondere Momente einzusammeln, wird dich außerdem aufmerksamer machen – wie ein Kräutersammler, der nie ohne eine Dose in die Natur geht.

www.derherzenskompass.de/beruehrungen

Übung: Besondere Momente aufbewahren

➤ Beginne, in deinem Alltag auf besondere Momente zu achten. Wenn sich einer ereignet, halte an. Nimm dir etwas Zeit und genieße den Moment. Koste ihn mit all deinen Sinnen aus.

➤ Versetz dich später in einer Pause oder einem Tagesrückblick in deinen besonderen Moment zurück. Du erinnerst dich, wie die Umgebung aussah. Du versuchst, die Stimmung, die der Moment in dir ausgelöst hat, wieder wahrzunehmen, und schöpfst sie mithilfe folgender Fragen aus:

- Wo in meinem Körper habe ich die Berührung empfunden? Wie war das?
- Kann es sein, dass mir in dieser Erfahrung etwas von Gott her zukam? Falls ja, was hat Gott getan?
- Wie war Gott für mich (Eigenschaftswörter)?
- Was löst das jetzt in mir aus? (evtl. Gefühle wie z. B. Sehnsucht, Hoffnung ...)
- Was tue ich damit? (Was antworte ich Gott?)
- Gibt diese Erfahrung schon eine Antwort auf meine Ausgangsfrage aus dem ersten Teil des Buches? Falls nicht, halte ich meine Frage einfach offen, bleibe achtsam für Antworten und auch offen dafür, dass Gott meine Frage verändert.

➤ Halte diesen besonderen Moment schriftlich fest oder überlege, wem du deine Erfahrung erzählen könntest. Wenn es für dich passt, dann drücke Gott in einem Gebet deine Dankbarkeit oder andere Gefühle aus. Deine Erfahrung hat vielleicht auch Wünsche geweckt oder Fragen offen gelassen. Teile sie Gott als Bitte, Klage oder Frage mit.

Einige Gedanken können dir helfen, immer achtsamer für Gottes Berührungen zu werden und mit den Übungen dieses Kapitels auf deinem Weg voranzukommen.

Wenn du gerne schreibst, dann beginne mit einem geistlichen Tagebuch für deine Übungen. So kannst du deine Erfahrungen ausdrücken und sichern. Schreibe auch auf, was dir deine Erfahrungen bedeuten und was sie auf deine Ausgangsfrage antworten könnten. Du kannst dir einen besonderen Moment auch einprägen und dir vornehmen, ihn mit einer vertrauten Person zu teilen. Auch dadurch lässt du deine Erfahrung zu dir sprechen und wirst sie nicht vergessen. Als Tagebuch eignet sich jedes schöne Notizbuch. Wir haben auch ein eigenes Herzenskompass-Notizbuch gestaltet (s. letzte Seite).

Ich (Andreas) nehme mein geistliches Notizbuch manchmal in die Hand und blättere zurück. Dann erinnere ich mich an Erfahrungen. Ich erkenne meine Themen, in die Gott oft mehrmals auf unterschiedliche Weise gesprochen hat. Das finde ich dann sehr tröstlich. Es zeigt mir, wie treu mir Gott ist. „Lobe den Herrn, meine Seele, und vergiss nicht, was er dir Gutes getan hat. (Psalm 103,2; LUT 2017) Im Erinnern geschieht etwas Gutes. Es baut meinen Glauben auf, macht mich dankbar und gibt mir Hoffnung.

Besondere Momente sind erst mal nur Sinneseindrücke. Wir müssen sie deuten, damit wir sie als Zuwendung von Gott erfahren können. Wir können uns deshalb bewusst machen, dass besondere Momente Gottes Art und Weise sind, wie er nonverbal – ohne Worte – mit uns kommuniziert. Er schenkt uns außerdem die Erfahrung einer fürsorglichen, sicheren und zugleich Freiheit schenkenden Bindung an ihn. Bindungserfahrungen mit Gott haben die Kraft, alte Beziehungsmuster und lebenshemmende Gottesbilder zu überschreiben. Manchmal helfen auch Bilder von Heilung, eine Erfahrung richtig zu deuten: Eine Berührung von Gott ist manchmal wie Balsam für die Seele oder ein Tropfen heilsames Öl auf eine Lebenswunde.

Bald wirst du dir immer sicherer in der Einschätzung, wann es gut ist, dich einer Erfahrung zu öffnen, und wann du darüber nachdenkst, was dir eine Erfahrung sagt. Denn das geht nicht gleichzeitig. Im Gegenteil: Du würdest dir die Erfahrung nehmen, wenn du sie zu früh analysieren, bewerten oder mit anderen Erfahrungen vergleichen würdest. Gott ist immer nur im gegenwärtigen Augenblick erfahrbar. Ignatius von Loyola schrieb: „Nicht das Vielwissen sättigt und befriedigt die Seele, sondern das Verspüren und Verkosten der Dinge von innen her."[3] Deshalb braucht das Verkosten, Genießen, Betrachten und Bestaunen einer Erfahrung Momente, in denen der Verstand in den Hintergrund tritt. Später können wir über die Erfahrung nachdenken. Das ist dann auch wertvoll. Oft tragen Erfahrungen eine Botschaft in sich, die wir hören können. Das Nachdenken über Berührungen von Gott stärkt unsere Beziehung zu ihm und macht uns achtsamer dafür, wie er uns im Alltag begegnet.

Vielleicht bist du von einem Glauben geprägt worden, für den nur die harten Fakten zählen: ob dir die Bibel den Willen Gottes zeigt und ob du ihn befolgst, ob du zu guten Taten angespornt wirst und ob du alles aus deinem Leben beseitigst, was Gott nicht gefällt. Dann kommt es dir wahrscheinlich überflüssig vor, auf Berührungen von Gott zu achten. Es könnte sogar wie ein gefährlicher Irrweg auf dich wirken. Aber die biblische Tradition ist hier ganzheitlich. Sie spielt das eine nicht gegen das andere aus. Ein Charakter, der sich Gottes Führung anvertraut und Gottes Liebe weitergibt, muss sich erst aufbauen. Das geschieht auch durch die Erfahrung von Gottes Zuwendung, Trost und Stärkung.

---

3 Ignatius von Loyola, Exerzitien, § 2.

Gerne würden wir über besondere Momente selbst verfügen. Das geht aber leider nicht. Sie sind unverfügbar. Sie sind überraschende Zuwendungen Gottes. Ein altes Wort dafür: Sie sind Gnade. Aber wir können offen, achtsam und aufmerksam werden. Dabei entdecken wir die vielfältigen Wege, die Gott wählt, um uns zu berühren: Bibeltexte, die Natur, die Begegnungen mit reifen, gütigen Personen, Musik, Kunst und vieles andere. Jede Person hat andere Zugänge und wird von Gott höchst individuell berührt. Gerade am Anfang, wenn sich eine Person auf Gott einlässt, sind solche besonderen Momente häufiger und deutlicher. Wo ich mich als junger Christ nach deutlich spürbaren Erfahrungen sehnte, sind es über die Jahre die kleinen, feinen, im gewöhnlichen Alltag auftretenden Momente geworden, in denen mir meine beständige Verbindung mit Gott bewusst wird. Wir freuen uns am gemeinsamen Leben und sind auch im Leiden verbunden.

Gottes Berührungen verändern sich oft mit den Jahren. Eine Person hat vielleicht lange beim Bibellesen besondere Momente erlebt, irgendwann berührt es sie nicht mehr. Manchmal werden dann andere Zugänge wichtiger. Manchmal mutet Gott Menschen auch Wüstenzeiten zu, in denen sie kaum erfrischende und stärkende Berührungen von Gott erfahren. Es kann nicht überbetont werden, dass Gott auch diese Zeiten nutzt, um die Persönlichkeit zu formen. Die Liebesfähigkeit eines Menschen wächst und seine Identität gründet sich immer mehr in der Beziehung zu Gott. Denn die Berührungen, die Gott uns schenkt, bedeuten immer auch einen gewissen Nutzen für uns. Wenn der einmal ausbleibt, können wir Gott nur noch uneigennützig suchen. Wir leben weiter ein Leben in Liebe und halten die Übungen aufrecht, die wir als gut und wichtig erkannt haben. Aber wir tun es jetzt nur noch aus Liebe zu Gott und anderen Menschen. So schwer das ist, es baut unsere Persönlichkeit und unseren Glauben in ungeahnter Weise auf. Eine solche Zeit wird in der biblischen Tradition auch „Prüfung" genannt. Wenn die Prüfung überstanden ist, bricht Freude durch. Es stellen sich Gefühle von Geliebtsein, Freiheit und Geborgenheit ein – oft stärker als vor der Wüstenzeit.

GOTTES GEGENWART
IN DER NATUR ERFAHREN

Als ich (Andreas) vor vielen Jahren in einer tiefen Beziehungskrise in Exerzitien (Stille Tage) ging, waren die ersten zwei Tage sehr schwer auszuhalten. Ich war aufgewühlt und sehr unruhig. Die Teilnehmer wurden in die Natur geschickt. Und so spazierte ich am dritten Tag los, über ein Feld, an einem kleinen Bach entlang, Richtung Waldrand. Und da ereignete es sich, dass ich plötzlich ruhig wurde. Meine drehenden Gedanken traten in den Hintergrund. Ich wurde dahin gebracht, wieder offen zu werden für die Schönheit der Natur, die mich umgab. Oh, das tat so gut in dem Moment. Dabei kam mir etwas wie eine alte Erinnerung: „Ja, genau ... das kenne ich von irgendwoher." Als Kind bin ich oft so durch die Natur spaziert. Im Frühling, über das Feld, neben unserem Wohnblock, am kleinen Bach entlang, die ersten Schlüsselblumen gesehen, zum Waldrand hin. So wach und aufmerksam, gegenwärtig und frei war ich manchmal schon als Kind unterwegs. Irgendwie ist mir diese Haltung aber verloren gegangen, als ich älter wurde. Und Jahre später ereignete es sich plötzlich wieder. Wie ein Geschenk. Es war mir, als ob mich Gott einlädt, still zu werden, die Gedanken ziehen zu lassen und gegenwärtig zu werden. Bis heute tut Gott das immer wieder. Er erinnert mich und lädt mich in die Gegenwart ein.

In einer zweiten Übung darfst du auch in die Natur gehen. Sie unterstützt die erste und alle folgenden Übungen. Du wirst sehen, sie ist sehr wohltuend. Durch sie lernst du, aufmerksam für den gegenwärtigen Augenblick zu sein. Zugleich wirst du achtsamer und sensibler für Gottes Gegenwart.

Durch diese Übung schärfen wir unsere Sinne. Wer wahrnimmt, d. h. bewusst riecht, hört, sieht, fühlt ..., ist mit seiner Aufmerksamkeit ganz in der Gegenwart. Gott, der „Ich bin da", spricht mich in der Gegenwart an.

www.derherzenskompass.de/natur

Wahrnehmungsübung in der Natur

➤ Ich gehe nach draußen in die Natur, in den Wald, in den Garten oder auf eine ruhige Straße – auch wenn das Wetter nicht gerade dazu einlädt.
➤ Wenn ich nach draußen gegangen bin, setze ich mir z. B. mit einem Timer einen Startpunkt und einen Endpunkt für die Übung. (So ist es klar: „Ich will jetzt 20 Minuten üben und aufmerksam bleiben." So überfordert mich die Dauer der Übung nicht. Es fällt mir leichter, in die Wahrnehmung der

Gegenwart zurückzukehren, wenn mich meine Gedanken einmal ablenken.)

➤ Nach ein paar Minuten Gehen werde ich langsamer und nehme wahr: Ich spüre, höre, sehe, rieche, betaste, was mich umgibt.

➤ Ich nehme wahr, welcher Ort oder Gegenstand mich anzieht. Dem nähere ich mich.

➤ Ich verweile dort, nehme auf, was ich wahrnehme, koste es aus.

➤ Ich nehme wahr, ob mir in dieser Erfahrung etwas von Gott her zukommt.

➤ Wenn der Moment ausgekostet ist, gehe ich weiter. Ich öffne mich für den nächsten Ort oder Gegenstand, der mich anzieht.

➤ Wenn die Zeit zu Ende geht, kehre ich um. Wenn mir danach ist, teile ich meine Eindrücke mit Gott in einem Gebet.

➤ Zu Hause nehme ich mir drei Minuten für einen Rückblick: Wie ist es mir ergangen? Was war wichtig? Gibt es einen Gedanken oder eine Wahrnehmung, die ich mir notieren möchte? Welche Antworten könnten die Erfahrungen und Eindrücke aus der Übung auf meine Ausgangsfrage aus dem ersten Teil des Buches geben?

Wenn du die Übung einmal ausprobiert hast, kannst du sie intensivieren, indem du deinen Sinneswahrnehmungen folgst:

Spüre beim Gehen bewusst den Boden unter deinen Füßen, den Wind auf deiner Haut oder die Wärme der Sonne. Folge deinen Empfindungen von den starken Eindrücken hin zu den leichten.

Höre bewusst auf die Geräusche, die dich umgeben: Verkehrsgeräusche, das Zwitschern der Vögel oder das Rauschen des Windes. Nachdem du die lauteren Eindrücke wahrgenommen hast, höre auch die leisen.

Nimm Dinge in die Hand und **betaste** sie, z. B. einen Stein, die Rinde eines Baumes oder einen Zweig. Taste dich vom Groben hin zum Feinen.

Sieh das, was dich umgibt, an, als wäre es das erste Mal. Achte auch auf Details: eine Blume, ein Blatt, die Farben und Formen, die dich ansprechen. Vielleicht spürst du sogar, wie dein Körper auf Farben, Formen und andere Eindrücke reagiert.

Rieche die Luft, die dich umgibt. Wenn du magst, rieche auch an den Bäumen oder an etwas, das du dir sonst nicht unbedingt unter die Nase hältst. Gehe auch hier von den starken Gerüchen zu den immer feineren.

Lenke deine Aufmerksamkeit auf deine Sinneseindrücke, wenn du beim Üben einmal abgelenkt bist. Sicher werden zwischendurch Gedanken auftauchen über Themen, die dich gerade beschäftigen. Oder du analysierst und bewertest, was dich umgibt (z. B. „Das ist eine Buche, das eine Eiche …"). Dann lass deine Gedanken oder Analysen los und lenke deine Aufmerksamkeit wieder auf das, was deine Sinne wahrnehmen. Wenn Gefühle auftauchen, nimm sie kurz wahr, ohne sie zu bewerten. Dann kehre in die aufmerksame Wahrnehmung der Natur zurück.

Während einer Einkehrzeit, die Andreas geleitet hat, habe ich (Jörg) die Wahrnehmungsübung in der Natur kennengelernt. Bei einem Spaziergang im Wald zog es mich zu einem Bach. Über das Bachbett war ein Baumstamm gestürzt. Er führte wie eine Brücke etwa eineinhalb Meter über den Bach auf die andere Seite. Weil ich etwas Höhenangst habe, musste ich mich überwinden, wenn ich über den Stamm balancieren wollte. Angst überwinden, mich etwas anvertrauen, das sich nicht sicher anfühlt – sagt das etwas über mein Leben? Gerade lag keine Herausforderung vor mir, die besonderen Mut erfordert hätte. Aber mir kam ein Thema in den Sinn, bei dem ich schon länger das Gefühl habe, dass Gott mich ein wenig anschubst. Denn mich auf Menschen einzulassen und mich mit meinen Gefühlen zu öffnen, auch das kostet Mut, wenn es nicht gerade Freunde sind, mit denen ich mich sehr wohlfühle. Ich nahm mir vor, über diesen Punkt später nachzudenken und ihn im Gebet vor Gott zu bewegen. Dann lenkte ich meine Aufmerksamkeit wieder auf den Baumstamm. Ich überquerte den Bach noch einige Male, bis ich das Gefühl hatte, dieses kleine Erlebnis ausgeschöpft zu haben.

SCHRIFTBETRACHTUNG

> Hast du die Einführung schon gelesen und willst direkt zu den Textvorschlägen zur Schriftbetrachtung? Du findest sie auf den folgenden Seiten:
> Bibeltexte zur Grunderfahrung Mangel und Liebe: S. 145
> Bibeltexte zur Grunderfahrung Fremdbestimmung und Freiheit: S. 149
> Bibeltexte zur Grunderfahrung Bedrohung und Vertrauen: S. 152

Im Theologiestudium habe ich (Andreas) gelernt, wie man die Bibel verantwortungsvoll nach bestimmten Regeln für die Gemeinde auslegt. Doch in meinen Zeiten im Kloster habe ich gelernt, darauf zu achten, wenn mich ein Wort oder ein Bild aus der Bibel persönlich berührt. Für meine eigene Entwicklung waren solche Schriftbetrachtungen wesentlich. Als junger Erwachsener hatte ich nur ein kleines Selbstbewusstsein. Es kam eine Zeit, in der mich Jesu Gleichnis vom liebenden Vater mit den beiden Söhnen (Lk 15,11ff) immer wieder ansprach. Vor allem auch im Zusammenhang mit einem wunderbaren Bild von Rembrandt, der dieses Gleichnis gemalt hat. Es war scheinbar an der Zeit, dass Gott mir seine väterliche Liebe vom Kopf ins Herz rutschen ließ. Nach Texten über die väterliche Liebe Gottes waren es Texte, die an meine Angst vor dem Sterben rührten. In Gebetszeiten war ich wie ein Jünger im Boot, das im Sturm zu kentern drohte (Mk 4,35ff). Gott war mir darin sehr tröstlich und beruhigend. Danach waren es Texte und Bilder des zornigen Jesus, die mich meinem eigenen Zorn näherbrachten. Bisher wollte ich dieses Gefühl oft nicht wahrhaben. Denn in meiner Kindheit hatte ich gelernt, dass Zorn gefährlich ist. Als ich nun Jesus betrachtete, wie er mutig und wütend in den Tempel schritt, lockte das etwas in mir hervor. Ich durfte entdecken, dass mir Zorn in Konflikten gegeben ist, um mir Kraft zu geben, etwas anzugehen und etwas positiv zu verändern.

Scheinbar gefällt es Gott, durch Bibeltexte zu wirken, einen wunden Punkt zu berühren, einen blinden Fleck ins Licht zu rücken und vieles mehr. Lass dich überraschen.

Wir geben dir nun Empfehlungen, wie du die Übung „Schriftbetrachtung" angehen kannst. Es sind ziemlich viele. Du kannst sie nicht alle gleichzeitig im Gedächtnis behalten oder gleichzeitig auf alles achten. Das ist aber auch nicht nötig. Beginne mit dem, was dir hilfreich erscheint. Später kannst du es dir noch leichter machen, indem du noch weitere Anregungen ausprobierst. Sieh es wie den Beginn einer Freundschaft oder einer Liebesbeziehung: Es gibt so viele interessante Gesprächsthemen, so viele Möglichkeiten für schöne Erlebnisse, so viel, was man gemeinsam anpacken könnte. Du kannst gar nicht alles auf einmal ausschöpfen. Aber gerade das ist eine überwältigend schöne Aussicht: Die Beziehung wird über Jahre interessant und auf immer neue Weise schön sein – vielleicht ein Leben lang.

Bibeltexte für Mangel, Fremdbestimmung und Bedrohung

Du hast in einem Kapitel aus dem ersten Teil des Buchs gesehen, wo du etwas brauchst oder wo du weiterkommen möchtest. Dabei hast du vielleicht auch erkannt, um welche der drei Grunderfahrungen es dabei geht: Für die Erfahrung von Mangel, Fremdbestimmung oder Bedrohung haben wir jeweils spezielle Bibeltexte ausgewählt. (Falls du noch nicht sicher bist, in welchen Bereich dein Anliegen gehört, dann beginne einfach intuitiv mit irgendeinem Bibeltext aus einer der drei Grunderfahrungen). Wähle einen Text aus und betrachte ihn. Sei gespannt, durch welches Wort, welches Bild dich Gott berühren wird. Wir können uns dabei Gott überlassen. Eventuell rührt er ein Thema an, das auf den ersten Blick gar nichts mit Mangel, Fremdbestimmung oder Bedrohung zu tun hat. Dann überlass dich dieser Erfahrung und überlege später, ob sie nicht vielleicht doch etwas zu deiner Ausgangsfrage sagt.

Vorbereitungen und Hilfen für die Schriftbetrachtung

> Denke darüber nach, an welchen Tagen der Woche und zu welcher Uhrzeit du dir 30 Minuten für die Schriftbetrachtung frei hältst. Es ist hilfreich, eine Zeit zu wählen, in der du gedanklich frei und nicht zu müde bist. Musst du vielleicht etwas an deiner gewohnten Routine verändern, damit du eine gute Zeit für die Schriftbetrachtung findest? Eine feste Entscheidung hilft, dranzubleiben. Eine Regelmäßigkeit erleichtert geistliche Übungen, muss aber nicht sein.

> Denke darüber nach, an welchem Ort du üben möchtest. Er soll ungestört sein, auch frei von Anrufen oder Benachrichtigungstönen. Wähle einen Ort, an dem du dich wohl und sicher fühlst. Vielleicht findest du sogar einen Platz, den du für deine geistliche Übung einrichten kannst: Eine Pflanze,

ein Tuch, eine Kerze oder ein Bild schaffen eine Stimmung, in der du leichter zur Ruhe kommst und aufnahmefähig bist. Wenn du bei Übungen manchmal eindöst oder sehr mit deinen Gedanken abschweifst, dann probiere einen Stuhl oder ein Gebetsbänkchen aus, auf dem du gut aufrecht sitzt.

➤ Lies deine Ausgangsfrage aus Teil 1. Falls es dir möglich ist, spüre die unter deiner Frage liegende Sehnsucht nach Veränderung oder den Wunsch nach Klarheit oder deinen Leidensdruck. Eine kurze Kontaktaufnahme mit deinem Thema reicht. Beginne nicht, es gedanklich zu bearbeiten.

➤ Setze dir einen bewussten Anfangspunkt. Dazu kannst du ein kurzes Anfangsgebet sprechen, etwa eine Bitte, die deine momentane Sehnsucht ausdrückt. Oder ein vorformuliertes Gebet, wie z. B.: *„Gott, ich komme zu dir, halte mich dir hin. Bitte öffne mich für dich und das, was du mir heute geben möchtest."*

➤ Wähle den Bibeltext, den du betrachten willst, aus, bevor du mit der Übung der Schriftbetrachtung beginnst. Dann findest du schneller hinein. Weiter unten findest du eine Auswahl an Bibeltexten, geordnet nach den drei Grunderfahrungen Mangel, Fremdbestimmung und Bedrohung.

➤ Eine kurze Körperwahrnehmung hilft dir, damit du ganzheitlich – mit Leib, Seele und Geist – in die Übung findest.

www.derherzenskompass.de/koerperwahrnehmung

Köperwahrnehmungsübung

Ich sitze aufrecht – spüre meine Sitzfläche, meine Oberschenkel, die Flächen, an denen meine Füße den Boden berühren.
Ich fühle mein Gewicht.
„Ich lasse mich los, in deine Hände, Gott, der du mich trägst."
Ich fühle meinen Rücken – hoch bis in den Nackenbereich.
Mein Scheitel ist zur Decke hin ausgerichtet.
Ich spüre meine Arme und Hände.
Ich verweile in meiner Atembewegung. Wie der Atem kommt und geht, so darf es sein. Ich fühle die Bewegung in Brustkorb und Bauchdecke.
Ich nehme meine Gestimmtheit wahr. Ohne zu werten – so wie ich jetzt bin, darf ich sein. Ich muss nichts leisten.
„Ich sitze in deiner Gegenwart, Gott, in deinem Licht."

Hier führen wir in zwei Arten ein, Bibeltexte zu betrachten. Probiere beide aus und wähle den Zugang, der für dich gerade am besten passt.

www.derherzenskompass.de/bibelbetrachtung

Übung: Schriftbetrachtung

Schriftbetrachtung mit deiner Vorstellung	Schriftbetrachtung mit wachem Verstand
• Ich lese den Bibeltext langsam. • Beim Lesen stelle ich mir die Handlung, die einzelnen Szenen bildlich und detailliert vor. Ich kann mich auch selbst in die Szene versetzen, zum Beispiel als eine Person, die miterlebt, was geschieht. Bei einem Lehrtext, zum Beispiel aus den Briefen von Paulus, achte ich auf die Sprachbilder. • Ich folge den Bildern aufmerksam. Ich nehme wahr, was mich am meisten berührt oder anzieht. Dort verweile ich mit meiner Aufmerksamkeit. • Wenn ich eine Szene ausgeschöpft habe, gehe ich mit meiner Aufmerksamkeit zur nächsten weiter.	• Ich lese den Bibeltext langsam und achte auf Wörter oder Sätze, die mich ansprechen. • Ich bleibe bei einem Wort oder Satz. Was will dieses Wort oder dieser Satz sagen? Was hat dieses Wort/dieser Satz mit meinem Leben und Glauben zu tun? • Wenn ich das Gefühl habe, ein Wort oder ein Satz ist ausgeschöpft, dann gehe ich weiter zum nächsten Wort oder Satz.

➤ Ich nehme mir nach der Schriftbetrachtung 5-10 Minuten, um über meine Erfahrungen mit dem Text nachzudenken und meine Gedanken festzuhalten. Ich schreibe auf, was mich am meisten berührt hat und was mir wichtig wurde. Gibt meine Erfahrung schon eine Antwort auf meine Ausgangsfrage? Oder verändert sie meine Frage?

➤ Ich schließe die Übung mit einem Gebet ab, vielleicht einem Dankeschön an Gott, einer Bitte an ihn oder indem ich eine offene Frage, eine Sorge oder eine ungestillte Sehnsucht seiner Wegweisung oder Fürsorge anvertraue.

Wir geben dir nun noch einige Tipps, wie du immer besser und tiefer in die Schriftbetrachtung hineinfindest.

- Achte beim Lesen darauf, ob dich ein Wort, ein Bild oder ein Detail in deiner Vorstellung besonders anspricht oder auch stört. Wo löst etwas vom Text in dir Resonanz aus? Beim Betrachten des Textes ist es wichtig, diese Stimmung dann ein wenig „klingen" zu lassen, ihr Raum zu geben. „Verspüren und verkosten" – wie Ignatius sagt. Genießen und verweilen.

- In der Schriftbetrachtung mit wachem Verstand darfst du immer wieder vom Wahrnehmen ins Nachdenken übergehen: „Wo rührt dieses Wort in meine aktuelle Lebenssituation? Was könntest du, Gott, mir damit sagen?" In der Schriftbetrachtung mithilfe deiner Vorstellungskraft dagegen versuch nicht über die Berührung nachzudenken. Bleibe im Wahrnehmen der körperlich spürbaren Wirkung des Bildes. Das braucht ein wenig Übung. Wenn du beim Verweilen in Gedanken abschweifst, ist das nicht schlimm. Kehre einfach zurück zu der Stelle im Bibeltext, die dich angesprochen hat. Für das Nachdenken ist dann nach der Betrachtung Zeit.

- Wenn dich ein Bibeltext berührt hat, bleibe auch in den nächsten Übungen dabei. Wiederhole ihn mehrmals, schöpfe ihn aus. Du wirst spüren, wenn der Text ausgekostet ist. Dann geh weiter zu einem anderen Text auf der Liste.
- Wenn dich in einem Bibeltext nichts besonders anspricht, ist das okay. Brich die Gebetszeit nicht ab, sondern bleib da und warte. Wiederhole die Betrachtung am nächsten Tag noch einmal. Wenn er dich auch dann nicht berührt oder nicht zu dir spricht, geh weiter zu einer anderen Bibelstelle.
- Wenn bei einer Betrachtung Gefühle aufsteigen, gib ihnen Raum, genieße oder durchleide sie in Gottes liebevoller Nähe. Atme ein inneres „Ja" in das aufsteigende Gefühl. Auch Gefühle, die dir unangenehm sind und die du bisher vielleicht verdrängt hast, dürfen sich zeigen. Sie gehören ja auch zu dir. Sie wollen dir vielleicht etwas sagen. Sie brauchen vielleicht eine tröstende, heilsame oder ermutigende Berührung. Wenn du deinem Gefühl Raum gegeben hast und es vielleicht auch in der Intensität nachlässt, dann geh mit deiner Aufmerksamkeit zurück zum Text oder geh über ins Nachdenken, je nachdem an welcher Stelle deiner Übung du bist. Wenn dich zu starke Gefühle überfordern, dann lies den Abschnitt „Ich bin in einer geistlichen Übung von unangenehmen Gefühlen oder einer schlimmen Erinnerung überfallen worden" im dritten Teil des Buches (S. 195).
- Wirst du beim Betrachten von etwas gestört (z. B. durch Geräusche, eine innere Unruhe oder abschweifende Gedanken), dann ärgere dich nicht. Du musst die Störung nicht bekämpfen. Nimm die Störung kurz wahr: „So ist es jetzt. Etwas in mir fühlt sich gestört oder unruhig. Das ist in Ordnung." Und dann kehre mit deiner Aufmerksamkeit einfach zurück zum Text. Und wenn du wieder abge-

lenkt bist, kehre wieder zurück. Auch dieses ständige Zurückkehren, die Hinwendung zu Gott, ist eine geistliche Übung. Wir üben darin das Loslassen. Es ist eine Übung im Richtungswechsel. Sie erleichtert es uns auch im Alltag, uns in allen Beschäftigungen für Gottes Gegenwart zu öffnen.

- Hast du schon viel Wissen über die Bibel gesammelt oder sogar eine theologische Ausbildung durchlaufen? Dann kann dir dein Bibelwissen helfen, dir die Texte bildlich vorzustellen. Distanzierte theologische Überlegungen könnten dich aber auch daran hindern, den Text in dein Leben sprechen zu lassen. Dann schiebe sie für die Zeit der Übung weg. Konzentriere dich auf die Frage: „Wo berührt dieses Wort oder Bild, das mich gerade anspricht, meine aktuelle Lebenssituation?"

In den folgenden drei Abschnitten stellen wir dir eine Auswahl von Bibeltexten vor, die sich für die Schriftbetrachtung besonders gut eignen. Natürlich kannst du auch einen anderen Text für die Übung wählen. Vielleicht ist dir eine bestimmte Bibelstelle ans Herz gewachsen. Vielleicht bist du durch irgendjemanden oder irgendetwas auf einen Bibeltext aufmerksam geworden und du hast Lust bekommen, dich in ihn zu vertiefen.

 Bibeltexte – Vom Mangel zur Liebe

Jesus lehrt: „Glücklich zu preisen sind die, die nach der Gerechtigkeit hungern und dürsten; denn sie werden satt werden". (Matthäus 5,6; NGÜ) Das Wort Gerechtigkeit (griechisch: diakosyne) ist in der Bibel ein Beziehungsbegriff. Gerechtigkeit herrscht, wo Menschen zurück in die Beziehung mit Gott finden, in der Schuld vergeben ist, Verletzungen und Misstrauen geheilt sind. Gerechtigkeit ist da, wo Unrecht beseitigt wird und

Menschen wieder in die Gemeinschaft untereinander finden. Gottes Gerechtigkeit bestraft und verstößt nicht. Sie stellt Beziehung wieder her.

Jesus nennt uns glücklich, wenn wir unter Mangel leiden, wenn wir einen Hunger und Durst nach einem guten Leben spüren, wenn wir uns schmerzlich danach sehnen, in liebevollen Beziehungen mit Gott und anderen Menschen zu leben. Jesus spricht zu den Hungrigen: „Ihr werdet satt werden!" Das ist Gottes Herzensanliegen.

Ich (Andreas) betrachtete einmal den Text aus 1. Könige 19,1-15: Der Prophet Elia flieht in die Wüste. Ich blieb dort hängen, wo Elia erschöpft und mit dem Wunsch zu sterben unter dem Ginsterbusch einschlief. Oh, mir war auch alles schwer. Ich identifizierte mich mit ihm: „Auch ich habe alles gegeben in den letzten Jahren. Ich habe mich so abgemüht, aber es hat nichts gebracht ..." Auch ich hatte depressive Gedanken und spürte, wie erschöpft ich eigentlich war. So sah ich zu, wie Brot und Wasser einfach vor Elias Augen standen, als er aufwachte ... Er aß und trank und ... legte sich wieder hin. Er legte sich einfach wieder hin. In diesem Moment wurde es warm und weit in mir. Mir kamen die Tränen. Etwas entspannte sich in mir. Ich gab mir schließlich selbst die Erlaubnis, jetzt aufzuhören mit dem Tun und Leisten. Es war, als ob sich Gott mir mütterlich zuwendete: „Es ist okay, ruh dich aus. Iss, trinke und schlaf." Das habe ich dann auch ausgiebig getan. Gott rührte mich liebevoll an, in meinem Mangel an Kraft und Zuversicht, letztlich aber auch in meinem Mangel an Selbstfürsorge.

Folgende Texte empfehlen wir für die Schriftbetrachtung zur Grunderfahrung Mangel und Liebe. Über den QR-Code oder die Internetadresse findest du die Angaben der Bibelstellen mit Links, die dich zum ganzen Text führen. Außerdem kannst du für jeden Text eine Audioanleitung abrufen, die dich tiefer in die Betrachtung führt.

www.derherzenskompass.de/bibelbetrachtung

Bibeltexte – Vom Mangel zur Liebe

Matthäus 5,1-12	Jesus nennt die Menschen selig, die sich vor Gott bedürftig wissen.
Psalm 23	Der gute Hirte sorgt für meine Bedürfnisse.
Lukas 15,11-17	Gleichnis vom liebenden Vater: Der jüngere Sohn gerät in Mangel.
Lukas 15,18-24	Gleichnis vom liebenden Vater: Mangel bringt den jüngeren Sohn in Bewegung.
Lukas 15,25-32	Gleichnis vom liebenden Vater: Der ältere Sohn erlebt den Mangel der Selbstgerechten.
Johannes 4,5-14	Jesus berührt die Sehnsucht einer Frau nach wahrem Leben.
Johannes 4,15-26	Jesus gibt sich als Quelle des Lebens zu erkennen.
Johannes 4,31-38	Jesus beschreibt seinen Jüngern, was ihn erfüllt (nährt).
Matthäus 6,25-34	Jesus adressiert die menschliche Angst, zu wenig zu haben.

Johannes 6,26-35	Jesus bezeichnet sich als Brot, das den Hunger nach Leben stillt.
Johannes 7,37-39	Durst symbolisiert Sehnsucht. Jesus lädt ein, bei ihm zu trinken.
Joh 14,16-21.26	Jesus muss sich verabschieden, lässt aber die nicht allein, die ihn lieben.
Johannes 15,1-8	Ein Bild einer starken, nährenden Verbindung zu Gott.
Jesaja 49,14-17	Der mütterlich liebende Gott hat uns in unseren Leiden nicht vergessen.
Jesaja 55,1-3	Gott verspricht, dass die Seele auflebt – Teil 1.
Jesaja 55,6-11	Gott verspricht, dass die Seele auflebt – Teil 2.
Jeremia 2,1-13	Wie Leben aussieht, das sich aus Ersatzbefriedigungen nährt (Vers 13).
Römer 12,9-14; 12,15-21	Mehr als ein Gefühl: Liebe üben.
Johannes 2,1-11	Jesus sorgt verschwenderisch für gewöhnliche Bedürfnisse.
Lukas 24,13-24; 24,25-35	Jesus schenkt unbemerkt seine Gemeinschaft.
Johannes 21,3-13	Der Auferstandene versorgt seine müden Jünger mit Frühstück.
Johannes 21,15-19	Jesus zieht Petrus, der ihn verleugnet hat, wieder in eine tiefe Liebe.

Entdeckst du noch andere Bibeltexte, die dich in der Grunderfahrung Mangel und Liebe ansprechen? Dann halte die Stellen hier fest, vielleicht auch mit ein paar Stichworten, die andeuten, was dir an der Bibelstelle wichtig ist.

....

....

....

....

....

....

....

 Bibeltexte – Von Fremdbestimmung zur Freiheit

Jesus spricht uns zu: „In der Welt habt ihr Bedrängnis; aber seid getrost, ich habe die Welt überwunden" (nach Johannes 16,33). Das Wort „Bedrängnis" (griechisch „thlipsis") ist alles, was uns äußerlich oder innerlich einengt, das Atmen schwer macht, Druck auf uns ausübt und Bewegungsfreiheit nimmt. So gebe dir Gott, dass du in der Enge, im Druck, den du durchleidest, spürst, wie dir der Auferstandene nahe ist. Er leidet mit dir und tröstet dich. Er gibt dir Hoffnung, dass du auch wieder freier leben wirst. Schon jetzt, da und dort spürbar, und in Ewigkeit über die Maßen mehr.

Ich (Andreas) betrachtete den Text aus Hohelied 2,8-11, der eine Liebesszene beschreibt. In einer geistlichen Auslegung kann man auch Gott in dem Geliebten sehen. Er kommt, springt über die Berge und hält vor meinem Haus. In einem Bild des Malers Sieger Köder, das neben meiner Bibel lag, hat der Geliebte eine Rose in der Hand. So steht er da, vor unserer Hauswand, steht im Text. Er schaut zum Fenster herein, durch die Gitter. „Meine Hauswand. Mein Schutzgitter", kam mir in den Sinn. Etwas in mir wurde traurig. Als ich die Szene betrachtete, wurde aber auch etwas Hartes in mir deutlich, etwas Widerwilliges, etwas Trotziges. Ich fragte: „Möchtest du mir da etwas zeigen, Gott?" Als ich über dieses Bild und meine inneren Regungen nachdachte, wurde mir klar, dass ich schon von Jugend auf eine Vorsicht gegenüber Autoritäten entwickelt habe, vielleicht sogar ein tief sitzendes Misstrauen. Als Jugendlicher stand für mich fest: Niemand sollte über mich bestimmen! Ich wollte frei sein, setzte mich auf mein Mofa und düste davon. Konnte es sein, dass da in mir Jahre später noch immer etwas ist, das Gott – der ultimativen Autoritätsperson – nicht vertraut und sich gegen seine vermeintliche Fremdbestimmung wehrt? Ich glaube, Gott wollte mir damals zeigen, dass ich dem Geliebten noch nicht von Herzen vertraue. Hätte ich damals den Herzenskompass gehabt, hätte ich eine neue Ausgangsfrage formulieren können: „Möchtest du mir helfen, dass ich dir auch tief aus dem Herzen vertrauen kann/möchte? Und wenn ja, wie?"

Folgende Texte empfehlen wir für die Schriftbetrachtung zur Grunderfahrung Fremdbestimmung und Freiheit. Über den QR-Code oder die Internetadresse findest du die Angaben der Bibelstellen mit Links, die dich zum ganzen Text führen. Außerdem kannst du für jede Bibelstelle eine Audioanleitung abrufen, die dich tiefer in die Betrachtung führt.

www.derherzenskompass.de/bibelbetrachtung

Bibeltexte – Von Fremdbestimmung zur Freiheit

Matthäus 11,28-30	Jesus verspricht, dass er Druck lindern möchte.
Markus 3,1-6	Jesus tut Gutes, auch wenn es anderen nicht gefällt.
Lukas 1,46-55	Gebet einer Frau von unten, die weiß, dass die Machtverhältnisse von Gott umgekehrt werden.
Lukas 4,16-22a; 4,22b-30	Befreiung ist der Auftrag Jesu.
1. Joh 4,16-19	Furcht rechnet mit Strafe; wer liebt und geliebt wird, fürchtet sich nicht.
Hohelied 2,8-11	Ein Bild für Gott als Liebhaber, der wartet und Grenzen respektiert.
Johannes 8,31-36	Jesus spricht über wahre Freiheit.
Lukas 20,20-25	Jesus geht souverän mit einem Zwang um.
Psalm 31	Gebet eines Bedrängten
Lukas 10,38-42	Von einer, die sich von familiären Erwartungen und gesellschaftlichen Konventionen befreit, um etwas Besseres zu finden.
Lukas 9,57-62; Matthäus 12,46-50	Freiheit von familiären Bindungen
Lukas 11,37-46; Markus 7,14-23	Freiheit von religiösen Regeln und Vorschriften

> Galaterbrief 5,13-25;   Freiheit von inneren Trieben
> Matthäus 6,19-24
> Matthäus 17,14-21;   Glaube überwindet Hindernisse
> Matthäus 21,18-22
> Römer 8,18-25   Das Bild vom „Geburtskanal" erklärt
>   manche Enge, unter der wir zu leiden
>   haben, und gibt Hoffnung auf neues
>   Leben.

Entdeckst du noch andere Bibeltexte, die dich in der Grunderfahrung Fremdbestimmung und Freiheit ansprechen? Dann halte die Stellen hier fest, vielleicht auch mit ein paar Stichworten, die andeuten, was dir an dem Text wichtig ist.

....

....

....

....

....

....

....

 Bibeltexte – Von der Angst ins Vertrauen

Jesus sagt: „Vertraut mir, ich bin es; fürchtet euch nicht!" (nach Markus 6,50).

Man darf das nicht als Forderung verstehen, dass ein Christ keine Angst haben soll. Angst ist eine komplexe, oft körperliche Schutzreaktion auf Situationen, die wir als bedrohlich erleben. Angst kann lähmen, aber sie ist uns auch gegeben, um uns in Bewegung zu bringen.

Jesus möchte deine Angst nicht austreiben, sondern ist dir in ihr nah. Er möchte dich beruhigen, damit du vertrauensvoll mit ihm weitergehen kannst.

Ich betrachtete einmal den Text aus Lukas 19, ab Vers 41. Darin blickt Jesus auf Jerusalem und weint. Danach geht er in den Tempel und beginnt, die Händler zu vertreiben. Ein kleines Detail zog meine Aufmerksamkeit auf sich. Jesus auf seinem Weg in den Tempel hinein. In meiner Vorstellung sah ich seinen Fuß von hinten – in Großaufnahme. Seine Ferse, seine Achillessehne, in Sandalen steckend. Zuvor hatte ich gelesen, dass sich das Wort Aggression vom Lateinischen „adgredi" ableiten lässt. „Herantreten an", „etwas angehen". Aggression kann auch eine Kraft sein, die mir gegeben ist, um für eine gute Sache einzutreten. Dieser Gedanke kam mir in den Sinn, als ich das Bild ansah. Dazu kam so etwas wie ein kribbelndes, energetisches Gefühl im Bauch. Es war eindeutig Mut machend. Als Kind habe ich gelernt, dass aggressive Menschen gefährlich sind. Auch heute scheue ich manchmal Konflikte. Aber dieses Bild von Jesu Fuß, seiner Kraft in Sehne und Wad'l (bayrisch für Wade), kommt mir immer mal wieder in den Sinn. Es ist mir zu einem Leitbild geworden. Gott rührt an mein altes Gefühl, von einem Konflikt bedroht zu sein.

Folgende Texte empfehlen wir für die Schriftbetrachtung zur Grunderfahrung Bedrohung und Vertrauen. Über den QR-Code oder die Internetadresse findest du die Angaben der Bibelstellen mit Links, die dich zum ganzen Text führen. Außerdem kannst du für jede Bibelstelle eine Audioanleitung abrufen, die dich tiefer in die Betrachtung führt.

www.derherzenskompass.de/bibelbetrachtung

Bibeltexte – Von der Angst ins Vertrauen

Markus 4,35-41	Wenn wir im Sturm der Angst sind, ruht Jesus in uns/in unserem Boot.
Matthäus 14,22-33	Gefühle und Angstgedanken sind wie Wellen. Petrus geht nicht unter.
Jesaia 43,1+2	Gott hält uns, wenn uns Wasser zu überschwemmen und Feuer zu verbrennen droht.
1. Mose 32,23-32	Manchmal provoziert Gott einen Kampf, wenn wir verwundbarer sind als sonst.
Matthäus 26,36-40	Auch Jesus wurde betrübt und geängstigt. Gott leidet mit uns.
Lukas 12,6+7	Jesus zeigt in Bildern, wie wir jede Sekunde umgeben und geachtet sind.
Matthäus 6,28-34	Wir sind von Gott umsorgt. Gott ist besorgt um uns.
Matthäus 7,7-11	Jesus möchte uns Vertrauen lehren. Bittet und es wird euch gegeben.
Matthäus 10,16-20	Jesus kündigt seinen Schülern einen gefährlichen Auftrag an. Sie sind darin nicht allein.
Johannes 10,10b-16	Jesus vergleicht sich mit einem guten Hirten für unsere Seele.
Johannes 8,2-11	Jesus stellte die verletzte Würde von Menschen wieder her. Auch Johannes 4,1-30; Matthäus 8,1-4.

Römer 8,31-39	Paulus stellt Beängstigendes in einen größeren Rahmen: Wenn Gott für uns ist, wer kann gegen uns sein?
Philipper 4,4-7	Praktischen Hilfen gegen Sorgen.
Römer 8,26-29	Gott formt uns in allem, was uns geschieht.
2. Korinther 12,7-10	Ein Ja zur eigenen Schwäche, die auf Gottes Wirken angewiesen ist.
Apostelgeschichte 16,23-32; 16,33-40	Auch wenn Menschen Böses vorhaben, hat Gott das letzte Wort.
Psalm 91	Ein bedrohter Mensch betet und hört schließlich Gottes Antwort.
Psalm 27	Ein bedrohter Mensch hält sich an Gott fest: Vor wem sollte ich mich fürchten?
Psalm 4	Ein Beter birgt sich bei Gott und findet Ruhe.
Psalm 103	Ein Psalmbeter erinnert sich und hält sich an Gottes Wirken.
Psalm 25	Einer, der auf Gottes Wegen geht, findet auch in gefährlichen Zeiten zum Vertrauen.
2. Mose 13,17-22	Gott führt, wo die Wege gefährlich sind und das Ziel im Ungewissen liegt.
4. Mose 13,27-33	Wie Angst die Sicht verändert und den Mut nimmt.

Entdeckst du noch andere Bibeltexte, die dich in der Grunderfahrung Bedrohung und Vertrauen ansprechen? Dann halte die Stellen hier fest, vielleicht auch mit ein paar Stichworten, die andeuten, was dir an dem Text wichtig ist.

....

....

....

....

....

....

....

„IN DIE WÜSTE GEHEN ..."

Wenn du mit einem Mangel konfrontiert bist, ist die Übung „Achtsam werden für Berührungen" auf S. 120 besonders hilfreich. Denn du wirst darin offen und wach für die vielen kleinen und feinen Berührungen, die dir Gott im Alltag schenkt. Sie erfüllen und nähren dich. Sie vergewissern dich deiner Verbindung mit Gott.

Daneben möchten wir dir hier eine weitere Übung geben, die auf den ersten Blick so scheint, als würde sie einen Mangel noch vergrößern. Wir haben diese Übung „In die Wüste gehen" genannt. Die Wüste ist ein wichtiger Erfahrungsraum in der Bibel. Manche Menschen sind in der Wüste gelandet, ohne dass sie sich selbst dafür entschieden hätten. Das Volk Israel zum Beispiel zog durch die Wüste, nachdem es aus der ägyptischen Sklaverei geflohen war. Andere haben sich freiwillig in die Wüste zurückgezogen, denn im Verzicht auf Reize und Bedürfnisbefriedigungen liegt eine geistliche Kraft. Johannes der Täufer zog sich in die Wüste zurück (Mt 3,1). Jesus wurde nach der Taufe vom Geist Gottes in die Wüste geführt (Mt 4,1).

Die Wüste ist ein Ort, wo es wenig gibt. Die Wüste ist ein Ort, an dem wir für eine absehbare Zeit auf Beziehungen, Gewohnheiten, Medien und Genüsse verzichten. Wo wir sie auch als Ersatzbefriedigungen gebraucht haben, bringt uns eine Wüstenzeit mit unseren wahren Bedürfnissen in Berührung. So können wir uns auch für das öffnen, was uns wirklich befriedigt. Die Wüste ist außerdem ein Ort, an dem wir uns der Leere aussetzen. Wir stellen uns unserer Unruhe und unserem Mangel und halten uns Gott hin. So kann Wüste zum Ort einer tief greifenden Veränderung unserer Persönlichkeit und unseres Lebens werden.

Nur wenn man emotional sehr belastet ist, sucht man besser keine Wüstenerfahrung. Die Gewohnheiten und Ablenkungen des Alltags geben eine Stabilität, die man sich in bestimmten Lebensphasen nicht nehmen sollte. Wenn du später wieder Boden unter den Füßen spürst, kann dir eine Wüstenzeit helfen, dein Leben neu auszurichten – auf das, was dich im Leben wirklich trägt.

Ein Bekannter von mir (Andreas) ging für drei Tage in ein Kloster. Er wollte das einmal ausprobieren. Ein wenig Abstand von seinem Alltag und Zeit zum Beten würden ihm guttun. Er nahm die Bibel mit und ein geistliches Buch. Einen Tag konnte er gut füllen. Er nahm an den Gebetszeiten der Brüder teil, schrieb in sein Tagebuch und ging spazieren. Er probierte eine geistliche Übung aus, in der er auch eine bewegende Erfahrung hatte. Am nächsten Tag aber wurde ihm langweilig. Und er wurde unruhig. Seine Gedanken kreisten um Aufgaben zu Hause, um Projekte, Urlaubsideen und vieles andere. Es fiel ihm immer schwerer, zu lesen und zu beten. Er sehnte sich nach seiner Frau und seinen Kindern. Seine Unruhe wurde so groß, dass er noch am selben Tag abreiste. Als er dies dem Gastbruder des Klosters mitteilte, schämte er sich. Die Tage danach fühlte er sich schlecht, als ob er versagt hätte. Rückblickend erzählte er mir, dass es eine enttäuschende und eine im positiven Sinne demütigende Erfahrung war: „Ich selbst habe es nicht in der Hand, dass es ruhig wird in mir oder dass ich eine gute Gebetszeit habe." Mein Bekannter hatte die Seiten eines geistlichen Weges erlebt, die herausfordern, manchmal auch überfordern können. Meinem Bekannten hätte es beim ersten Mal gutgetan, die stillen Tage in einer Gruppe zu verbringen und die Möglichkeit zu einem Begleitgespräch zu haben, in dem Gedanken und Stimmungen ans Licht kommen dürfen.

Etwas in uns wehrt sich gegen die Wüste. In stillen Tagen wird oft deutlich, wie wir uns beschäftigen, um nicht ruhig zu werden. Vielleicht macht uns etwas Angst vor innerer Leere oder vor Themen oder Gefühlen, die da auftauchen könnten? Gott lässt in der Wüste Versuchungen zu, um uns etwas über uns selbst zu lehren. Ein Teilnehmer eines stillen Wochenendes nahm auf einem Spaziergang sein Smartphone und wollte die schönen Fleckchen auf seinem Weg fotografieren. Er kletterte auf Steinen an einem Bach. Dabei fiel es ihm ins Wasser. Frustriert kam er ins Begleitgespräch. Einen Tag später berichtete er mir, es sei ihm bewusst geworden, dass das Fotografieren eine Ablenkung war. Gott lade ihn ein, ihm unmittelbarer zu begegnen. Der schmerzliche Verlust des Smartphones (Gefühl des Mangels) machte ihm Raum, um Gott neu zu erfahren (Liebe). Wir gehen nicht davon aus, dass Gott das Smartphone in den Bach geschubst hat, etwa als pädagogische Lektion oder gar als Strafe für die Ablenkung. Aber wir teilen die geistliche Deutung des Teilnehmers, dass Gott seinen Verlust in eine wertvolle Erfahrung verwandelt hat.

Die geistliche Übung dieses Kapitels besteht in einem aufmerksamen, betenden Abwägen, ob eine „Wüstenzeit" für dich dran sein könnte.

www.derherzenskompass.de/wueste

Übung: Ich gehe in die Wüste

> Was ist deine Ausgangsfrage, die du aus dem ersten Teil des Buches mitbringst? Falls es dir möglich ist, spüre die unter deiner Frage liegende Sehnsucht nach Veränderung oder den Wunsch nach Klarheit oder deinen Leidensdruck. Eine kurze Kontaktaufnahme mit deinem Thema reicht.
> Bewege betend, ob es für dich dran sein könnte, „in die Wüste zu gehen" – das können Einkehrzeiten, stille Tage in einem Kloster sein, Exerzitien in einem Exerzitienhaus, Pilgertage, Fastentage oder anderes ...
> Suche entsprechende Angebote christlicher Kirchen und achte darauf, ob dich etwas beim Lesen einer Ausschreibung anspricht. Wenn das so ist, folge deiner Sehnsucht. Wenn nicht, darfst du diese Möglichkeit auch wieder gehen lassen. Vielleicht kommt die Zeit später. Vorschläge mit guten Angeboten findest du im dritten Teil des Buches unter der Frage „Ich glaube, ich bin an einem Punkt, an dem ich nur mit einer Begleitung weiterkomme. Wo kann ich diese finden?" auf Seite 200. Konferenzen oder Freizeiten, bei denen es viel Input oder intensive Begegnungen mit anderen gibt, wären als Wüstenzeit natürlich nicht geeignet.

Vor allem, wenn du darin noch nicht geübt bist, solltest du „in der Wüste" nicht allein sein. Die Gedanken und Stimmungen in dieser Zeit können heftig sein. Such dir deshalb besser ein begleitetes Angebot. Geistliche BegleiterInnen haben Erfahrung darin, Menschen in solchen inneren Prozessen zu begleiten.

FREIRAUM AUFSUCHEN

Es war gegen Ende meiner schweren Beziehungskrise, die ich oben erwähnt habe. Die Beben und Nachbeben waren fast abgeklungen. Im Urlaub fuhr ich allein mit dem Motorrad nach Südtirol, nahm mir ein Gästezimmer und wanderte oberhalb von Meran in den Bergen. Es war ein wolkenloser, herrlicher Tag. Nach mehreren Stunden Aufstieg näherte ich mich dem Gipfel. Das Gestein veränderte sich. Die letzten Meter ging ich wie auf Silberbarren, rundgeschliffenem Fels mit viel Glimmer, der in der Sonne unwirklich glitzerte. Dann stand ich am Gipfel. Ein Glücksgefühl stieg in mir hoch. Und so stand ich da, fühlte mich Gott sehr nah und gleichzeitig frei. Heute gehe ich noch manchmal in meiner Vorstellung zurück an diesen Ort, setze mich hin, schaue hinaus in die Weite und bitte Jesus, dass er sich zu mir setzt.

In den folgenden zwei Übungen löst du dich von dem, was dich einengt. So kannst du deine Freiheit wieder spüren. Wo du in einen Freiraum findest, unterbrichst du alte Reaktionsmuster, die automatisch ablaufen. Im Freiraum kannst du deine Stimmungen wahrnehmen, deine Gedanken ordnen und neue Kraft schöpfen. Vielleicht zeigen sich dir auch neue Handlungsmöglichkeiten. Auch Gott achtet deinen Freiraum. Er lässt dich sein, wie du bist. Gott übertritt deine Grenzen nicht. Er nähert sich nur, wenn du ihn einlässt.

www.derherzenskompass.de/freiraum

Übung: Ich nehme mir äußeren Freiraum.

> Ich nehme mir einen halben Tag Zeit für mich.
> Ich suche einen Ort auf, der sich für mich weit und frei anfühlt. Ein Ort, an dem ich allein bin, an dem ich unerreichbar bin, an dem niemand etwas von mir möchte, z. B. an einem Flussufer, in einem Boot auf einem See, auf einem weiten Feld, einem Berg mit Aussicht, im Ruheraum einer Sauna, … So finde ich Abstand von einer Person oder einer Situation, die mich unter Druck setzt.
> Wenn ich das Bedürfnis dazu habe, darf ich mir jetzt sogar „von Gott frei nehmen". Gott nimmt mir das nicht übel. Auch er achtet mein Bedürfnis nach Distanz.
> Ich darf in dieser Zeit tun oder sein lassen, was ich jetzt möchte.
> Wenn ich das Bedürfnis habe, in meinem Freiraum zu beten, kann ich das mithilfe der Übung „Gottes Gegenwart in der Natur erfahren" (S. 130) oder mit einer Schriftbetrachtung zum Thema Freiheit (S. 149) tun.
> Wenn sich die Zeit ihrem Ende nähert, mache ich eine kurze Körperwahrnehmungsübung, spüre nach, wie sich die freie Zeit, der äußere Freiraum angefühlt hat. (siehe S. 139

www.derherzenskompass.de/koerperwahrnehmung)
> Ich schreibe auf oder halte in Gedanken fest, was wichtig für mich war. Sagt mir eine Erfahrung, die ich heute gemacht habe, etwas zum Thema meiner Ausgangsfrage?
> Für meinen nächsten freien halben Tag kann ich wieder zum selben Ort gehen oder auch andere Orte aufsuchen und entdecken, wie es mir dort geht.

www.derherzenskompass.de/freiraum

Übung: Ich suche meinen inneren Freiraum.

> Ich nehme mir eine halbe Stunde Zeit und suche einen Ort auf, an dem ich ungestört bin und an dem ich mich wohl und sicher fühle.
> Für diese Übung kann ich mich aufrecht hinsetzen, gemütlich in einem Sessel Platz nehmen oder mich auch auf den Boden legen.
> Ich folge der Anleitung „Freier und leichter werden" anhand des Bibeltextes Matthäus 11,28-30 (NGÜ):
„*Kommt zu mir, ihr alle, die ihr euch plagt und von eurer Last fast erdrückt werdet; ich werde sie euch abnehmen. Nehmt mein Joch auf euch und lernt von mir, denn ich bin gütig und von Herzen demütig. So werdet ihr Ruhe finden für eure Seele. Denn das Joch, das ich auferlege, drückt nicht, und die Last, die ich zu tragen gebe, ist leicht.*"

Anleitung „Freier und leichter werden"[4]

> ➤ Ich schreibe auf oder halte in Gedanken fest, was wichtig für mich war. Sagt mir eine Erfahrung, die ich heute gemacht habe, etwas zum Thema meiner Ausgangsfrage?

Du hast wahrscheinlich schon selbst erlebt, wie gut es manchmal tut, räumlich Abstand zu nehmen. Wenn ich in einer bedrängenden Situation bin oder wenn meine Gedanken kreisen, geht es mir oft nach einem einfachen Spaziergang im Wald schon besser. Auch beim Joggen erlebe ich immer wieder, wie sich Gedanken klären, wie mir Ideen kommen, die mir bei einem Problem helfen. Oft tut mir auch gut, wenn ich an einem Ort bin, an dem ich einen Ausblick habe, z. B. von einem Hügel, wo ich über unser Städtchen sehen kann. In meiner Heimat am Chiemsee gibt es einige Aussichtspunkte mit Blick auf den See. Es scheint mir, dass Gott es mir von oben leichter macht, wieder das größere Bild meines Lebens zu erkennen. Schließlich ist unser individuelles Leben eingewoben in Gottes große Heilsgeschichte mit uns Menschen. Die äußere Freiraumübung soll dir sozusagen helfen, mit Gott auf einen Aussichtspunkt zu steigen. Von dort überblickst du deine momentane Lebenssituation und siehst schließlich auch über sie hinaus.

---

4 Diese Übung habe ich mit freundlicher Genehmigung von Peter Lincoln übernommen und leicht angepasst. Aus: Lincoln, Peter (2007): Wie der Glaube zum Körper findet. Focusing als spiritueller Übungsweg. Aussaat-Verlag, Neukirchen-Vluyn. Begleit-CD.

Auch inneren Freiraum gewinnen wir, wenn wir eine Beobachterposition einnehmen. Das erfährst du in der Übung „Freier und leichter werden". In ihr blickst du innerlich auf Lasten und Fragen, die du mit dir herumträgst, und nimmst dabei wahr, wie sie sich jeweils körperlich anfühlen. Etwas in dir steht sozusagen auf einem inneren Aussichtspunkt und blickt auf die jeweiligen Stimmungen und Gedanken. Durch etwas Übung gelingt es uns immer leichter zu sehen, was gerade in uns vorgeht. Das sind aber nicht nur Probleme und Sorgen. Eine Frau schreibt über die innere Freiraumübung: „Ich habe die Lasten gespürt, die Sorgen, die ich mit mir herumtrage. Dann aber habe ich sie für einen Moment beiseitelegen können. Ich war überrascht, dass ich mich neben meinen Sorgen auch wohlfühle. Das war faszinierend. Ich denke, ich habe erlebt, dass ich neben meinen Gedanken und Gefühlen einfach bin. Ich habe mein Sein gespürt. Und das war ruhig. Und Gott war auch da."

DIE ANGST ANNEHMEN, BIS SIE WEICHT

Vielleicht hast du im ersten Teil festgestellt, dass du mit einer unsicheren Beziehung oder Situation konfrontiert bist. Dann prüfe, ob dich diese Übung stärkt und weiterführt.

Angst kann unterschiedlich intensiv sein. Manchen Menschen ist gar nicht bewusst, wenn sie unter den Einfluss einer Angst kommen. Sie atmen zum Beispiel flacher oder sind im Nacken angespannt. Bewusst wird die Angst meist dann, wenn sich Gedanken in einer Sorgenspirale drehen. Im Extremfall steigert sich eine Angst bis zu Symptomen einer Panikattacke: Herzrasen, Schwindel, Seh- und Gleichgewichtsstörungen, Atemnot und weiche Knie. Eigentlich sind diese Symptome kein Grund zur Beunruhigung, denn es sind nur die körperlichen Begleiterscheinungen einer Angst. Doch wer beruhigt sich, während sein Körper so verrückt spielt?

Wir leiten dich in einer Körperwahrnehmungsübung an, in der du darauf achtest, wo und wie dein Körper auf eine Angst reagiert. Dabei kannst du beobachten, wie sich Symptome leicht verändern. Dies führt dich aus sorgenvollen Gedanken heraus in die Gegenwart, in der dir Gott nah ist. Deshalb beruhigt die folgende Übung und hilft, sich bei Gott zu bergen. Wir bieten dir die Übung in zwei Varianten an. Die eine ist für Situationen gedacht, in denen du dich an einen sicheren Ort zurückziehen und dich dort in einer bedrohlichen oder unsicheren Situation stärken möchtest. Die zweite Übung kannst du sogar machen, wenn du noch mitten in der bedrohlichen oder unsicheren Situation bist. Du musst dir vorher nur die Anleitung einprägen oder einmal einen Probedurchgang machen.

www.derherzenskompass.de/angst

Übung: Die Angst an einem sicheren Ort ansehen und sich bei Gott bergen

> Ich nehme mir eine Stunde Zeit und suche einen Ort auf, an dem ich ungestört bin und an dem ich mich wohl und sicher fühle.
> Für diese Übung kann ich mich aufrecht hinsetzen oder gemütlich in einem Sessel Platz nehmen oder mich auch auf den Boden legen.
> Ich höre auf die Worte von Jesus: *„Habt Vertrauen, ich bin es (ich bin da); fürchtet euch nicht!"* (nach Markus 6,50)
> Ich höre die Anleitung zur Körperwahrnehmung (www.derherzenskompass.de/koerperwahrnehmung) oder rufe sie selbst aus meinem Gedächtnis ab und folge der Anleitung.
Ich sitze aufrecht – spüre meine Sitzfläche, meine Oberschenkel, die Flächen, an denen meine Füße den Boden berühren.

Ich fühle mein Gewicht.

„Ich lasse mich los, in deine Hände Gott, der du mich trägst."

Ich fühle meinen Rücken – hoch bis in den Nackenbereich.

Mein Scheitel ist zur Decke hin ausgerichtet.

Ich spüre meine Arme und Hände.

Ich verweile in meiner Atembewegung. Wie der Atem kommt und geht, so darf es sein. Ich fühle die Bewegung in Brustkorb und Bauchdecke.

Ich nehme meine Gestimmtheit wahr. Ohne zu werten – so wie ich jetzt bin, darf ich sein. Ich muss nichts leisten.

„Ich sitze in deiner Gegenwart, Gott, in deinem Licht."

➤ Ich schließe die Augen und denke an die Situation oder die Person, die unsicher oder bedrohlich ist. Ich versetze mich in diesen Moment zurück, erinnere mich an Details des Ortes und der Begegnung.

➤ Wenn ich in der Erinnerung angekommen bin, richte ich meine Aufmerksamkeit nach innen. Ich beobachte, was sich in meinem Körper ereignet:
- Ich achte auf Spannungen, die ich vielleicht an bestimmten Stellen meines Körpers spüre,
- ich beobachte, ob und wie sich meine Atmung verändert,
- ich nehme wahr, wo mein Körper die Angst trägt.

➤ Wenn es mir möglich ist, lege ich nun eine Hand auf die Stelle meines Körpers, wo sich die Angst am intensivsten zeigt. Dort verweile ich und achte darauf, ob und wie sich die Empfindung verändert. Wenn ich möchte, kann ich beim Ausatmen ein lautloses, mitfühlendes „Ja" in diese Körperregion atmen.

➤ Zeigen sich beim genaueren „Hinspüren" auch andere Empfindungen, z. B. so etwas wie Scham oder Wut?

➤ Wenn die Angst ein wenig leichter geworden ist, beende ich die Wahrnehmungsübung. Ich schreibe meine Eindrücke und Gedanken auf. Ich spreche mit Gott über die bedrohliche Situation.

➤ Die Angst möchte mich vor Schaden und Schmerzen bewahren, gibt mir aber auch Kraft, um etwas zu verändern. Zeichnet sich ein konkreter Schritt ab? Folgende Sätze können dir beim Nachdenken behilflich sein:
- „Da ist etwas in mir, das mich davor schützen möchte, dass ich wieder ..."
- „Da ist etwas in mir, das mir Kraft gibt, um ..."

➤ Ich kehre in Gedanken zu meiner Ausgangfrage aus dem ersten Teil des Buches zurück. Sagen mir die Erfahrungen, die ich in der Übung gemacht habe, schon etwas, das mir in meiner Ausgangsfrage weiterhilft? Oder helfen sie mir, meine Frage noch etwas anders zu stellen und so eine interessante Antwort zu entdecken? Ist mir Gott in einer Weise begegnet, die mir Kraft und Vertrauen gibt, wo ich es auf meinem Weg mit dem Herzenskompass benötige?

Angst kann lähmen. Oft reagieren wir auch ausweichend oder abwehrend, wenn wir unsicher werden. Dann verhalten wir uns gerade in kritischen Situationen nicht immer so, wie wir es gerne getan hätten. Deshalb kann es hilfreich sein, wenn wir uns in einer unsicheren oder bedrohlichen Situation erst einmal unserer Angst zuwenden und sie beruhigen. In fast allen Situationen kann man dafür ein paar Sekunden oder sogar Minuten gewinnen. Du kannst einer anderen Person zum Beispiel eine Frage stellen, sie reden lassen und dich in dieser Zeit deinem Inneren zuwenden. Manchmal steigt aber auch eine Angst auf, wenn wir allein sind. Das geschieht zum Beispiel im Halbschlaf oder beim Aufwachen, wenn wir weniger Kontrolle über uns haben. Dann kann sich eine Angst bemerkbar machen, die wir tagsüber wegschieben konnten. Außerdem gibt es Lebensphasen, in denen wir verletzlicher sind und uns eher einmal ein Gefühl von Unsicherheit oder Bedrohung begegnet.

Auch für die folgende Übung gibt es eine Audioanleitung. Wenn du allein bist, kannst du sie in der unsicheren oder bedrohlichen Situation hören. Du kannst sie aber auch zur Vorbereitung auf eine kritische Situation hören. Wenn du die Übung verinnerlicht hast, dann hast du sie auch zur Verfügung, wenn du sie in einer bedrohlichen Situation brauchst.

www.derherzenskompass.de/angst

Übung: Sich in der unsicheren oder bedrohlichen Situation Gott anvertrauen

Ein bewährtes Gebet ist folgender Satz: „Abba, lieber Vater, ich vertraue dir. Du trägst mich durch." (Wähle eine Anrede, einen Namen für Gott, der dir entspricht.)

➤ Wenn sich starke Angst einstellt, richte ich meine Aufmerksamkeit bewusst auf meine Atmung. Ich versuche ruhig einzuatmen und lasse mir beim Ausatmen ein klein wenig mehr Zeit.
Ich spreche innerlich (lautlos):
- beim Ausatmen: „Abba, lieber Vater",
- beim Einatmen: „Ich vertraue dir",
- beim Ausatmen: „Du trägst mich durch."
- Einatmen.

So bete ich, bis es ruhiger wird in mir.

> Ich formuliere vielleicht auch ein eigenes Atemgebet, das mir leicht von den Lippen geht und meiner momentanen Beziehung zu Gott entspricht. (Für viele Menschen hat sich schon folgendes Atemgebet bewährt: Ausatmen „Jesus" – Einatmen „Christus")

Wenn ich meine Angstreaktion in meinem Körper spüre, lege ich meine Hand auf die Stelle, die ich am deutlichsten spüre. Ich denke an eine Erfahrung in meinem Leben, in der ich jemanden mitfühlend berührt habe, einen lieben Menschen, ein krankes Kind oder vielleicht auch ein Tier. Genau so darf ich mich nun selbst mitfühlend halten.

Sicher wirst du später noch einmal über die Situation nachdenken, in der du einer Angst begegnet bist. Dann denke auch an deine Ausgangsfrage aus dem ersten Teil des Buches. Inwieweit hast du schon die Stärkung oder das Vertrauen gefunden, nach denen du gesucht hast? Was fehlt noch? Kannst du die Übung noch etwas verändern, um noch etwas mehr Stärkung und Vertrauen zu finden?

Den Weg mit unsicheren oder bedrohlichen Situationen erlebt jeder Mensch unterschiedlich. Gott schenkt seine Nähe daher ganz individuell. Wenn du mich (Andreas) vor 15 Jahren gefragt hättest, ob ich ein ängstlicher Mensch bin, hätte ich geantwortet: „Nein, alles in Butter." Dies hat sich mit der Geburt unserer Töchter geändert. An den Babys wurde mir so deutlich, wie verletzlich das Leben ist und wie bedrohlich Krankheiten sein können. Wenn ich zum Beispiel meine Tochter schreien hörte, tat mir das fast körperlich weh, als ob etwas auf der Innenseite meines Rückens kratzt. Das Schreien brachte mich sofort in einen Stressmodus, in einen Alarmzustand. In der Traumatheorie spricht man von Vigilanz, einem körperlichen Zustand, in dem alle Sinne in erhöhte Achtsamkeit versetzt werden: Achtung, Gefahr! Ich weiß, dass ich als Kleinkind mehrmals ernsthaft krank war und einmal für zehn Tage von meinen Eltern isoliert im Krankenhaus liegen musste. Manche traumatische Erfahrung bleibt in der Körpererinnerung gespeichert. So kann ich es mittlerweile einordnen, wenn mich heute bestimmte Erfahrungen in einen Angstzustand versetzen. Vor ein paar Jahren saß ich abends müde auf dem Sofa. Ausgelöst durch einen Schmerz begannen sich Angstgedanken zu drehen. Bedrohliche Szenen spielten sich in meiner Vorstellung ab, was denn geschehen würde, wenn ich jetzt ins Krankenhaus müsste. Mit diesen Gedanken wurden die Schmerzen stärker. Eine Enge in der Brust, ein trockenes Gefühl im Hals und ein Zittern breiteten sich aus. Es war eine Panikattacke, wie sich herausstellen sollte. Während dies ablief, betete ich Stoßgebete und versuchte zu beobachten, was in meinem Körper alles geschah. Durch Wahrnehmungsübungen, wie wir sie in diesem Buch vorstellen, war ich schon geübt darin, mit meiner Aufmerksamkeit immer wieder vom Denken ins Spüren zurückzukehren. Ich kann mich erinnern, dass ich fühlte und beobachtete, wie die Enge im Brustkorb, das unruhige Kribbeln äußerst unangenehm zunahm und dann … siehe da, wieder leicht abnahm … wie nach dem Höhepunkt einer Welle. Der Erregungszustand kam und ging, wie alle Gefühle, in Wellen. Als ich dieses Abnehmen der Welle bewusst wahrnahm, wusste ich, dass ich eine Panikattacke hatte. Und mich verließ die Angst vor der Angst. Obwohl sich vieles noch sehr unangenehm anfühlte, wurde es etwas ruhiger in mir. Und genau in dieser Erleichterung war es mir, als ob Christus mir wortlos nah war. Ich fühlte mich verbunden mit Gott. Ich glaube, in dieser Erfahrung bekam ich einen kleinen Einblick in das große Geheimnis, dass Gott uns in unserem Leiden bis in unser Nervensystem hinein nahe ist.

ENTGEGEN HANDELN

Mit folgender Übung sprechen wir deine aktive Rolle in der Gestaltung deines Lebens an. Du hast die Würde und die Kraft, etwas positiv zu verändern. Um dies zu erklären, hole ich (Andreas) etwas weiter aus. Wer sich von Gott berühren lässt, wer auf die Kommunikation Gottes in seinem Inneren achtet, begibt sich damit auf einen Weg der inneren Heilung. Gottes Geist möchte uns in unserem Leben formen und Jesus ähnlich machen (vgl. z. B. Röm 8,29). Wir werden mit der Zeit liebevoller, freier, vertrauensvoller.

Gott führt uns auch in die Nachfolge Jesu. Je heiler und lebendiger wir werden, desto mehr sehnen wir uns danach, dass andere Menschen Gottes Wesen so erfahren, wie wir das getan haben. Wir steigen in Gottes Projekt ein. Das geht ganz natürlich, wir wachsen geradezu hinein. An dem Ort, an dem wir leben, werden wir „Augen, Ohren, Hände und Füße von Christus" für unsere Mitmenschen.

Auf unserem Weg der inneren Formung und der Nachfolge erfahren wir, was Theologen die Spannung von „Schon jetzt und noch nicht" beschreiben: Gottes Reich ist schon jetzt angebrochen. Da und dort erfahren wir Zeichen, dass Gott heilt und dass Menschen sich positiv verändern. Aber Gottes gute Macht ist noch nicht völlig durchgebrochen. Wir erfahren Rückschläge. Wir müssen an Unheil leiden, das Gott nicht verhindert oder beseitigt. Noch nicht.

Paulus beschreibt diese Spannung im Gegensatz von „alt" und „neu". Der „alte Mensch" soll abgelegt, ein „neuer Mensch" angezogen werden (Eph 4,22-24). Dabei muss auch Paulus erleben, dass Gott ihm nicht alles nimmt, was er gerne los wäre. Er hat weiterhin mit Angst zu kämpfen (1. Kor 2,3), er hat einen „Dorn im Fleisch", ein Leiden, das Gott nicht wegnimmt. Dieses Leiden bewirkt aber, dass Paulus Gottes Zuwendung und Kraft gerade in seiner Schwäche erfahren darf (2. Kor 12,7-10). Gott wirkt durch den schwachen Paulus, der viel Neues in sich hat, aber eben auch noch Altes.

Zwei Übungen empfehlen wir dir, wenn du auf deinem Weg unter „Altem" leidest. Es gibt Gefühle und Verhaltensweisen, die dich auf deinem Weg zu Liebe, Freiheit und Vertrauen behindern. Du kannst üben, entgegen dem Alten in dir zu handeln. Entgegen handeln („Agere Contra") heißt dieser Ansatz aus der ignatianischen Spiritualität. Du kannst gedanklich aus einer alten Wirklichkeit (sie wirkt!) heraustreten und in eine neue Wirklichkeit eintreten. Dazu dient die erste Übung „In eine Wahrheit eintreten, indem ich sie ausspreche". Sie hat nichts mit positivem Denken zu tun. Denn die Wirklichkeit, in die ich mich durch mein Denken bringe, muss ich nicht selbst erschaffen. Gott hat sie bereits gemacht. Sie existiert schon – neben den Wirklichkeiten unserer Welt, die manchmal traurig und belastend sind.

www.derherzenskompass.de/entgegenhandeln

Übung: In eine Wahrheit eintreten, indem ich sie ausspreche

> Ich nehme mir eine Stunde Zeit und suche einen Ort auf, an dem ich ungestört bin und an dem ich mich sicher fühle.
> Ich spreche ein kurzes Gebet, wie z. B.: *„Gott, bitte schenke mir jetzt Klarheit, dass ich deine Wahrheit für mein Leben erkenne."*
> Ich lese meine Ausgangsfrage aus Teil 1. Ich versuche, die unter meiner Frage liegende Sehnsucht nach Veränderung oder den Wunsch nach Klarheit oder meinen Leidensdruck zu spüren. Eine kurze Kontaktaufnahme damit reicht.
> Ich denke darüber nach, was „das Alte" ist, unter dem ich jetzt leide.
>   – Das können alte Ängste sein: *„Ich habe Angst, dass es mir wieder ergeht wie damals, als ..."*
>   – Das können alte Vermeidungsstrategien sein: *„Ich verhalte mich so, weil ich nicht möchte, dass es so wehtut wie damals, als ..."*
>   – Das können alte innere Sätze oder Halbwahrheiten sein: Z. B. *„Ich bin immer zu kurz gekommen."*
> Ich formuliere dieses Alte: ...
> Jetzt suche ich nach einer Wahrheit von Gott, die diesem Alten entgegenspricht. Dabei denke ich an die Erfahrungen der letzten Wochen, die ich in den geistlichen Übungen gemacht habe, an Bibeltexte, die mir wichtig wurden, an tröstende „Berührungen", die ich in meinem geistlichen Tagebuch fest-

gehalten habe. Was könnte Gottes Wahrheit sein, die jetzt für mich gilt? Ich denke dabei auch an meine Ausgangsfrage: Welche Wahrheit macht mir die Liebe, Freiheit oder das Vertrauen bewusst, die ich bei Gott finden kann? ...

➤ Ich formuliere diese Wahrheit und spreche sie laut aus. Ich proklamiere sie.

Z. B. „Ich fühle mich, als ob Gott fern wäre und kein Interesse an mir hat, aber die Wahrheit ist: Jesus ist der gute Hirte meiner Seele. Er sieht mich jetzt, er fühlt mit mir mit ...“ Dabei stelle ich mir vor, wie ich in die Wahrheit eintrete, indem ich sie ausspreche – ob ich das gerade fühlen kann oder nicht.

➤ Ich nehme diese Wahrheit mit in meinen Alltag. Ich hänge sie z. B. als Notiz an meinen Spiegel. Ich spreche sie immer mal wieder laut aus.

In Beziehungsstress oder sonstigen schwierigen Zeiten spüren wir manchmal nichts von Gottes liebevoller Nähe, von der unsichtbaren Wirklichkeit, die uns umgibt. Alte Gedankenmuster, alte Reaktionen auf Stress (oft in unserer Ursprungsfamilie gelernt), alte Stimmen und Stimmungen (im Körper sitzende Erinnerungen) sind dann kräftig. Durch die Übungen formen wir unsere Wahrnehmungen und Reaktionsmuster neu. Immer häufiger werden wir von der Wirklichkeit bestimmt, aus der wir leben möchten. Konzentriere dich dabei aber nicht auf dich selbst und auf deine Fortschritte oder Rückschritte. Das Alte wird eine gewisse Macht behalten. Konzentriere dich auf die Freude, immer neu aus der Liebe, Freiheit und dem Vertrauen Gottes leben zu dürfen.

Was du auf gedanklicher Ebene üben kannst, kannst du nun auch in deinem Handeln üben. Statt aus einem Mangel, einer Fremdbestimmung oder einer Angst heraus zu handeln, wählst du selbst, wie du reagieren und agieren möchtest. Manchmal wirst du dann das glatte Gegenteil dessen tun, wozu dich deine Gefühle oder deine gewohnten Reaktionsmuster treiben. Auch dadurch trittst du in eine neue Wirklichkeit ein. Dabei helfen dir auch die Erfahrungen der anderen Übungen. Du gewinnst Kraft aus ihnen, die du für dein Handeln nutzen kannst. Du wirst dir bewusster, in welche Richtung du gehen möchtest oder in welche Richtung dich Gottes Worte führen, die er an dich richtet.

www.derherzenskompass.de/entgegenhandeln

Übung: Gegen alte Prägungen handeln

> Ich nehme mir eine Stunde Zeit und suche einen Ort auf, an dem ich ungestört bin und an dem ich mich sicher fühle.
> Ich spreche ein kurzes Gebet, wie z. B.: *„Gott, bitte gib mir Weisheit, das Gute zu tun. Bitte führe mich einen Schritt weiter."*
> Ich lese meine Ausgangsfrage aus Teil 1. Ich versuche, die unter meiner Frage liegende Sehnsucht nach Veränderung oder den Wunsch nach Klarheit oder meinen Leidensdruck zu spüren. Eine kurze Kontaktaufnahme damit reicht.
> Ich blicke zurück auf die Erfahrungen der letzten Wochen, die ich in den geistlichen Übungen gemacht habe. Ich erinnere mich an Bibeltexte, die mir wichtig wurden, an tröstende „Berührungen", die ich in meinem geistlichen Tagebuch festgehalten habe.

- Erkenne ich Zeichen einer Entwicklungsrichtung, in die Gott mich einlädt, für die Gott mir Mut machen möchte?
- Ich denke an die Situation, in der ich jetzt stehe. Ich nehme wahr, was ich jetzt am liebsten tun würde, wenn es nach meinem „alten Menschen" ginge.
- Ich denke darüber nach, was ein „neuer Schritt" sein könnte, der den alten Impulsen entgegenspricht. Dabei denke ich auch an das, was mich von meiner Ausgangsfrage her bewegt: Welcher Schritt könnte mich zu mehr Liebe, Freiheit oder Vertrauen führen. Der Schritt soll konkret, klein und realistisch sein.
- Ich schreibe den Schritt auf und schließe die Übung im Gebet. Ich bitte Gott um Mut und Rückenwind, dass meine Herzenskompassnadel das Magnetfeld Gottes spürt.
- Wenn ich meinen neuen Schritt dann tatsächlich gehe, mache ich mir bewusst, wie ich dadurch in Gottes neue Wirklichkeit eintrete.

RÜCKBLICK

Du hast dich mit dem Herzenskompass auf den Weg gemacht. Du hast erkannt, welche Grunderfahrung dich in einer Beziehung oder Lebenssituation herausfordert. Von da aus hast du dich mit verschiedenen Ausgangsfragen ans Üben gemacht. Du hast begonnen, in deinem Alltag auf die besonderen Momente zu achten, sie zu genießen, sie aufzuschreiben oder auf andere Weise festzuhalten (S. 120/121). Vielleicht hast du auch Zeit in der Natur verbracht und deine Sinne für das geöffnet, was dich dort berührt und anspricht – auch von Gott her (S. 130). Du hast Bibeltexte betrachtet und erfahren, wie Gott dich darin berührt (S. 135) und du dich seinen guten Kräften aussetzt. Und vielleicht hast du dir Zeit für die ein oder andere Übung genommen, die dich stärker und gelassener macht, wenn du einem Mangel (S. 158), einer Fremdbestimmung (S. 161) oder einer Angst (S. 165) begegnest.

Nach einer Weile ist Zeit für einen Rückblick. Wenn du dir Zeit für einige Übungen genommen hast, wäre nach vier Wochen ein guter Zeitpunkt. In einem betenden Rückblick kannst du vielleicht schon erkennen, in welche Richtung sich die Nadel deines Herzenskompasses einpendelt. Gottes Geist rührt an ein Lebensthema und weist dich in eine Entwicklungsrichtung. Gott beginnt, dich in einem Bereich deines Lebens erfüllter, freier oder vertrauensvoller zu machen. Dabei hilft dir die folgende Übung:

www.derherzenskompass.de/rueckblick

Übung: Rückblick

▶ Ich nehme mir eine Stunde Zeit und suche einen Ort auf, an dem ich ungestört bin und an dem ich mich wohl und sicher fühle.
▶ Ich spreche ein kurzes Gebet, wie z. B.: *„Gott, bitte lass mich die letzten Wochen nun ein wenig in deinem Licht sehen. Lass mich erkennen, was mir zum Leben mit dir dient."*
▶ Ich blättere durch mein geistliches Tagebuch und/oder erinnere mich an die geistlichen Erfahrungen, die ich machen durfte. Folgende Fragen können mir dabei helfen. Ich beginne mit der Frage, die mich am meisten anzieht:
  • Wie war Gott für mich in den letzten Wochen (Eigenschaftswörter)?
  • Was hat Gott in mir bewirkt, was hat Gott in den Berührungen getan?
  • Wenn ich die Erfahrungen der vergangenen Wochen bedenke, kann ich darin so etwas wie eine implizite Botschaft von Gott an mich erkennen? Ich formuliere einen Mut machenden Satz, wie wenn Gott ihn direkt an mich spricht: „Mein/e liebe/r ..."

- Sehe ich erste Zeichen, dass mein Leben (die Beziehung zu mir selbst, zu Gott und den Mitmenschen) heiler geworden ist? Wie?
- Ich lese meine Ausgangsfrage, die vor ein paar Wochen eine Sehnsucht nach Klarheit, nach Veränderung ausgedrückt hat. Sehe ich anhand der Frage, in welche Richtung ich mich bewege und auf welches Ziel hin sich mein Leben verändert? Vielleicht möchte ich die Frage nun anders formulieren. Dann halte ich meine neue Frage fest.
- Sehe ich aufgrund der gemachten Erfahrungen eine Entwicklungsrichtung, die ich mir für mein Leben wünsche? In welche Richtung möchte ich mich weiter auf den Weg machen? Und was wären konkrete, kleine und realistische Schritte, die ich in diese Richtung gehen könnte?

> Ich beende die Gebetszeit, indem ich Gott sage, was mir jetzt auf dem Herzen liegt.

> Nach dem Rückblick entscheide ich mich, welche Übungen dieses Buches ich weiter tun möchte. Es hilft, wenn ich mich dafür wieder auf eine Zeit festlege, z. B. weitere vier bis sechs Wochen. Danach kann wieder ein Rückblick erfolgen. So integriere ich die gewonnenen Erkenntnisse in mein Leben. Manche Übung wird zur heilsamen Gewohnheit und formt eine neue Lebenshaltung.

Es hat sich sehr bewährt, am Ende von Übungszeiten auf die Erfahrungen zurückzublicken. Manchmal sind Lebensübergänge auch ein guter Zeitpunkt dafür, z. B. ein Berufswechsel, ein Umzug, aber auch traurige Lebensübergänge wie eine Trennung oder der Tod einer lieben Person.

Mir (Andreas) fällt ein Rückblick leichter, wenn ich ihn auch mithilfe von Symbolen tun kann. Zum Beispiel male ich einen

Lebensfluss rückblickend für einen Zeitabschnitt (oder mein ganzes Leben). Da gibt es Quellen, seichte, tiefe Stellen, Hindernisse, Nebel und Sonnenschein und vieles mehr. Im betenden Bewegen der Erfahrungen ist Gott gegenwärtig, damals wie heute. Manchmal wird mir Gott dabei noch größer. Manches bleibt offen, manches verstehe ich noch nicht. Es gibt Erinnerungen, die ich durchleide. Ich spüre die Nachwirkung von Erfahrungen und erkenne, wie sie mich verändert haben. Im Deuten von Erfahrungen finde ich ihre Bedeutung. Es ist ein Geschenk, wenn ich entdecke, wie meine Lebensgeschichte in Gottes Geschichte mit uns Menschen eingewoben ist. Ein Überblick über meinen Lebensweg macht mir die Richtung klarer, in die ich weitergehen will.

TEIL 3:
WENN DU EINMAL NICHT WEITER-KOMMST: FRAGEN UND ANTWORTEN

Auf unserem eigenen Weg und in der Begleitung von Menschen haben wir erfahren: Wenn sich im Leben etwas positiv wendet, kann es Rückschläge oder Hindernisse geben. Wo mehr Licht ist, zeichnet sich auch der Schatten deutlicher ab. Schwierigkeiten sind normal. Sie bieten Chancen für eine tiefere Heilung unserer Persönlichkeit. Sie zwingen uns geradezu, an einem bestimmten Punkt stark und verantwortlich zu werden. Gleichzeitig lernen wie darin, wie Gott sich die Arbeitsteilung mit uns gedacht hat. Manches gelingt nur, wenn wir ganz loslassen und uns für Gottes Handeln öffnen. Anderes dagegen gelingt nur, wenn wir selbst mutig werden und die Schritte gehen, die sich uns als gut und richtig gezeigt haben. Insofern gibt es keine Trockenphase, keine Versuchung, keine Dunkelheit, die nicht von Gott umgeben wäre.

Folgende Hinweise können dir helfen, auf dem Weg zu bleiben.

Überblick Fragen und Antworten

1. Ich habe mit Übungen begonnen, aber es geschieht
scheinbar nichts. 183

2. Es ist mühsam für mich, an den Übungen dranzubleiben.
Mir wird langweilig oder ich könnte dabei einschlafen. 184

3. Ich bin so unruhig oder so in Gedanken, dass ich mich kaum auf
eine geistliche Übung konzentrieren kann. Was könnte mir helfen? 186

4. Mir wird beim Üben klar, dass ich etwas an Gott nicht mag
oder dass sich etwas in mir gegen Gott sträubt. 188

5. Ich zweifle, ob meine Berührungen von Gott echt sind. Könnte es nicht
sein, dass solche Erfahrungen gar nichts mit Gott zu tun haben? 190

6. Ich habe in einer geistlichen Übung eine unheimliche
Erfahrung gemacht. Wie gehe ich damit um? 194

7. Ich bin in einer geistlichen Übung von unangenehmen Gefühlen
oder einer schlimmen Erinnerung überfallen worden. 195

8. Ich bin in einer Krise – muss ich auf dem Weg mit dem
Herzenskompass etwas beachten? 197

9. Ich übe, fühle mich aber oft traurig, isoliert oder habe andere
negative Stimmungen. 198

10. Mir werden in der Gebetszeit anklagende oder abwertende
Gedanken bewusst. 199

11. Ich glaube, ich bin an einem Punkt, an dem ich nur mit einer
Begleitung weiterkomme. Wo kann ich diese finden? 200

12. Du hast eine Frage, die wir nicht beantwortet haben? 203

1. Ich habe mit Übungen begonnen, aber es geschieht scheinbar nichts.

Einmal erwartete ich (Andreas) Besuch. Ich räumte die Küche auf, legte Sitzkissen auf die Stühle, setzte Teewasser auf und zündete eine Kerze an. Plötzlich wurde mir dabei etwas klar: Ich bereite den Raum und ich warte. Indem ich das tue, zeige ich, dass ich die Person achte. Warten kann Ausdruck meiner Liebe sein.

Beten ist daher immer auch Warten. Ich gebe nicht gleich auf, wenn scheinbar nichts geschieht. Ich bleibe dran und halte aus. In so einer Haltung ist meine Zeit in der geistlichen Übung nicht verschwendet, sondern verschenkt. Ich mache mich bereit, halte mich hin und warte auf Gott, der geheimnisvoll nah ist, aber auch fern. Das Warten wird in der Bibel sehr geschätzt. „Warum bist du so bedrückt, meine Seele? Warum stöhnst du so verzweifelt?", fragt zum Beispiel ein Beter im Psalm 42. Er gibt sich selbst eine Antwort: „Warte nur zuversichtlich auf Gott! Denn ganz gewiss werde ich ihm noch dafür danken, dass er mir sein Angesicht wieder zuwendet und mir hilft" (Ps 42,6; NGÜ).

Gott mutet uns manchmal auch gottferne Zeiten zu. Darin formt etwas geheimnisvoll unser Herz. Wenn ich an meine geistliche Entwicklung denke, glaube ich, dass Gott mich in solchen Zeiten entwöhnt hat, wie eine Mutter ihrem Säugling irgendwann nicht mehr die Brust gibt. Sie entzieht ihrem Kind dadurch nicht ihre Liebe und Zuwendung. Sie führt die Beziehung nur auf eine neue Ebene. Mein Herz schaut nun etwas weniger auf die Gaben und etwas mehr auf den Geber. In unserer Konsumgesellschaft können wir viele Befriedigungen sofort haben. Mir scheint es, dass viele Menschen auch eine Entwöhnung davon brauchen. Deshalb sei nicht verunsichert, wenn du einmal in den geistlichen Übungen keinen Nutzen spürst. Wende dich Gott zu. Das reicht. Solo dios basta – Gott allein genügt – diesen kurzen Satz hat die spanische Ordensschwester Theresa von Avila im 16. Jahrhundert gesprochen. Sie hat damit Generationen eine geistliche Orientierung gegeben.

2. Es ist mühsam für mich, an den Übungen dranzubleiben. Mir wird langweilig oder ich könnte dabei einschlafen.

Auch das kann eine Erfahrung sein, wie wir sie bei der vorangegangenen Frage beschrieben haben: Gott entwöhnt uns manchmal von den spürbaren Wirkungen geistlicher Übungen: von schönen Gefühlen, hilfreichen Erkenntnissen, Momenten von Trost oder klarer Wegweisung. Was bleibt dann übrig? Gott allein. In manchen geistlichen Wegabschnitten hilft mir Gott, dass mir die Gaben nicht wichtiger werden als der Geber. Die Zeit wird kommen, in der ich Gottes Zuwendung wieder spüre.

Es gibt aber noch einen anderen Grund, warum geistliche Übungen mühsam oder langweilig werden können. Vielleicht wehrt sich etwas in dir gegen die Nähe zu Gott. Manche Kinder erleiden die Trennung von einer wichtigen Bezugsperson. Oder sie erleben ihre Bezugsperson sehr wechselhaft: Manchmal erfahren sie Nähe und Zuwendung, dann wieder stehen sie ganz allein da. Viele Kinder wählen dann die Überlebensstrategie, allein zurechtzukommen und niemanden zu brauchen. Auch andere Verletzungen durch wichtige Bezugspersonen können zu einer inneren Abwehrhaltung führen. Die Bindungspsychologie hat das intensiv erforscht. Etwa die Hälfte der Menschen hat Bindungserfahrungen gemacht, die Bindungen später unsicher machen. Ein Teil der Betroffenen vermeidet dann tiefere Bindungen. Es gibt inzwischen auch Studien, die zeigen, dass sich diese Erfahrungen auf die Beziehung zu Gott auswirken. Die Forschungsergebnisse dazu sind zum Beispiel in den Büchern von Karl-Heinz Brisch und der Doktorarbeit von Sonja

Friedrich-Killinger zusammengefasst, die wir ins Literaturverzeichnis aufgenommen haben. Nicht wenige Menschen finden entgegengesetzte Kräfte in sich: „Da ist ein Teil in mir, der sich nach Nähe mit Gott sehnt. Aber da ist auch ein Teil in mir, der Gott nicht wirklich nah haben möchte." Möglicherweise sehnst du dich also nach einer Nähe und Verbindung mit Gott und gleichzeitig gibt es etwas in dir, das dich dabei zurückhält. Das wirkt sich natürlich auf deine Erfahrungen in den geistlichen Übungen aus.

Schließlich gibt es noch einen dritten Grund dafür, dass geistliche Übungen anstrengend und langweilig werden können. Der Psychoanalytiker Tilmann Moser nennt ihn „Gottesvergiftung". Manche Menschen haben als Kind, Jugendliche oder junge Erwachsene in sektenartigen Glaubensgemeinschaften gelebt. Gott wurde dort als strafend, fordernd, kontrollierend, manchmal sogar als sadistisch vermittelt. Solche Erfahrungen schüttelt man nicht einfach ab. Auch sie führen zu einer zwiespältigen Beziehung zu Gott. Sie bewegt sich zwischen Vertrauen und Sehnsucht auf der einen Seite und Angst, Hass und Abscheu auf der anderen Seite.

Wenn du ahnst, dass eine dieser Beschreibungen auf dich zutreffen könnte, kannst du eine neue Ausgangsfrage mit in die Übungen nehmen, wie z. B. „Gott, willst du mir helfen, mich dir tiefer anzuvertrauen? Falls ja, wie?" Auch Gespräche mit einem Therapeuten oder geistlichen Begleiter können dir in diesem Fall helfen.

3. Ich bin so unruhig oder so in Gedanken, dass ich mich kaum auf eine geistliche Übung konzentrieren kann. Was könnte mir helfen?

Drei Bilder helfen mir (Andreas). Das erste ist eine moderne Druckmaschine. Würde man den Strom abschalten, wenn sie auf Hochtouren läuft, würde sie das stark beschädigen. Eine Maschine in hoher Drehzahl fährt man langsam herunter. Wie könnte ein „langsames Runterfahren" aus einer intensiven Arbeitsphase oder einer emotional stressigen Zeit bei dir aussehen?

Mir hilft Bewegung. Joggen baut Adrenalin im Körper ab und klärt den Kopf. Innere Spannung baut sich auch ab, wenn ich zügig spazieren gehe und nach einer Weile bewusst langsamer werde. Wenn es möglich ist, nehme ich mir beim „Runterfahren" Zeit für mich. Zeit, in der ich nichts leisten muss. Auch auf geistliche Übungen darf ich beim Runterfahren verzichten. Nach einer sehr schwierigen Woche habe ich mir einmal eine Hot Stone Massage gegönnt. Dabei hat sich auch seelische Anspannung gelöst. Und es war mir auch eine Zeit mit Gott. Ein Geschenk.

Wenn die Unruhe länger nicht nachlässt, könnte das ein Zeichen sein, dass ich zu lange nicht gut auf mich geachtet habe. Vielleicht habe ich über meine Kräfte gearbeitet, zu viel gegeben, zu viel auf andere geachtet und zu wenig auf meine eigenen Bedürfnisse? Hier kann ich mich der Frage stellen, wie es mit meiner Praxis des „Sabbat" aussieht? Gott weist sein Volk an, nach sechs Tagen Arbeit einen Ruhetag einzuhalten (2. Mo 34,21). Ich glaube, Gott gab uns mit dem Sabbatgebot einen Arbeits-Ruhe-Rhythmus, der gesund ist und uns guttut. Schaffen wir es nicht, uns diesen wöchentlichen Freiraum zu schaffen und zu schützen, können wir auf die Dauer krank werden.

Das zweite Bild: Ein Fluss mit Treibgut. Wenn ich unruhig bin, schwimmen meine Gedanken wie Treibgut auf einem reißenden Fluss. Unsere Gedanken fließen in einem ständigen Strom. Im Herzenskompass werde ich in geistlichen Übungen angeleitet, meinen Körper zu spüren, wahrzunehmen, wie mich ein Bibeltext berührt, und dort dann eine Weile anzuhalten. Wenn ich unruhig bin, gelingt mir das nicht so gut. Ich bin dann sehr leicht abgelenkt. Es ist so, wie wenn ich vom Flussufer auf einen der Stämme springe, die an mir vorbeiziehen. Dann bin ich in einem Gedankengang absorbiert und werde fortgetragen. Ich bin dann nicht gegenwärtig und achtsam. Plötzlich erinnere ich mich: „Ach ja, ich wollte ja eigentlich jetzt auf den Text achten." Im Bild gesprochen springe ich dann wieder zurück ans Ufer ins Schauen und lasse den Gedanken weiterziehen. Nach ein paar Sekunden finde ich mich aber schon wieder auf dem nächsten „Gedankenfloß", den Fluss abwärts treibend. Und so kann es Gebetszeiten geben, in denen ich in zwanzig Minuten nicht viel anderes mache, als Floß zu fahren und immer wieder kurz ans Ufer zu springen.

Mit ein wenig Übung nehme ich wahr, dass es verschiedene Gedankenkategorien gibt, die da an mir vorbeiziehen:

Flüchtige Gedanken sind relativ einfach ziehen zu lassen. Zum Beispiel fallen mir Aufgaben ein, die ich noch zu erledigen habe. Die kann ich dann kurz auf einem Zettel notieren: „Um euch kümmere ich mich später." Oder es kommen mir Ideen zu einem Projekt oder Ähnliches. Meist zeigt sich aber, dass mir gute Ideen auch nach der Gebetszeit wiederkommen. Ich brauche sie nicht aufzuschreiben.

Dann gibt es wiederkehrende Gedanken. Wiederkehrende Gedanken drehen sich vielleicht um ein Thema. Sie sind „emotional aufgeladen", d. h. sind vielleicht besonders anziehend oder unangenehm aufwühlend. Wie z. B. ein Konflikt, der mir noch nachgeht. In der Stille der geistlichen Übung steigen oft Themen auf, die beachtet werden möchten, weil ich sie im Alltagsgeschehen weggeschoben habe. Hier kann es gut sein, in der Übung kurz anzuhalten und wohlwollend hinzusehen: Was ist das für ein Thema? Wo steckt es in meinem Körper? Wie fühlt es sich an? Habe ich Kontakt mit dem Thema aufgenommen, es angesehen und gespürt, kann ich es für den Rest der geistlichen Übung auch wieder loslassen. Am Ende der Übung ist dann Zeit, dass ich mich damit befassen kann. Ich komme mit Gott darüber ins Gespräch: „Du siehst, Gott, was hier hochgekommen ist. Was möchtest du mir damit zeigen?"

Das dritte Bild fasst für mich eine Haltung zusammen, wie ich mit Unruhe oder Gedanken gut umgehe: Affen auf einem Baum. Wenn ich unruhig bin, springen Gedanken wie kreischende Affen unruhig auf dem Baum hin und her. Wenn etwas in mir diese Unruhe nicht mag und Gedanken und Ablenkungen im Gebet bekämpfen will, werden die Tiere noch wilder. Die Spannung steigt. Hier ist die Einladung, die Gedanken und Stimmungen wohlwollend da sein zu lassen. Ich brauche sie nicht ändern. Sie dürfen da sein. Sie sind Teil meiner Realität. Im liebevollen Hinsehen auf das, was sich in mir zeigt, geschieht etwas Gutes. Ruhe und Frieden werden sich einstellen. Sie sind Gottes Geschenk.

4. Mir wird beim Üben klar, dass ich etwas an Gott nicht mag oder dass sich etwas in mir gegen Gott sträubt.

Vor einigen Jahren begegnete ich (Andreas) einer Frau, die mir von Anfang an kritisch und leicht aggressiv gegenübertrat. Ich war neu in der Gegend und als Pastor tätig, eine Rolle, die in Menschen gemischte Gefühle auslösen kann. Mir war bald klar, dass die Frau nicht mich sah, sondern auf etwas aus ihren Erfahrungen mit Autoritätspersonen reagierte. In der Psychologie spricht man von Übertragung. Mich irritierte ihr Verhalten. Es machte mich traurig und auch wütend. „Du kennst mich doch gar nicht", schmollte ich innerlich.

Ich glaube Gott geht es manchmal ähnlich mit uns. Gott möchte uns nahebringen, wie er wirklich ist. Eine Lehrerin beobachtete, dass 60% aller geistlichen Begleitgespräche direkt oder indirekt mit Gottesbildern zu tun haben. Das bedeutet, dass es Gott am Herzen liegt, unser Bild von ihm zu weiten. Dies kann zum Beispiel geschehen, wenn dir klar wird, wie dich etwas an Gott ärgert. Vielleicht wird dir im Betrachten eines Bibeltextes klar, wie etwas in dir wütend wird. Etwas wehrt sich in dir gegen einen kühlen Beobachtergott, einen peniblen Buchhaltergott, einen strafenden Richtergott, einen distanzierten Leistungsgott, für den du dich sehr anstrengen musst, damit du vielleicht berührt wirst.

Unterdrücke Gefühle und Wahrnehmungen nicht, auch wenn sie sich gegen Gott richten. Gott kann sie aushalten. Er nimmt sie nicht persönlich, weil er ja den Hintergrund kennt. Die negativen Gefühle sind in gewisser Weise berechtigt: Wäre Gott zum Beispiel wirklich ein penibler Buchhalter, der dir alle deine Fehler aufrechnet und vorrechnet, wäre eine ohnmächtige Wut ein angemessenes Gefühl. Lass die Wut zu und mute sie Gott zu. Dann kann er dir zeigen, wie er wirklich ist. So heilen alte Beziehungsmuster. Sie werden allmählich überschrieben durch korrigierende Erfahrungen mit dem wahren Gott. Deswegen ist die erste Übung „Achtsam werden für Berührungen von Gott" (S. 120) so wichtig.

Wenn du ahnst, dass dich alte Gottesbilder belasten, kannst du deine Ausgangsfrage ändern oder ergänzen, wie zum Beispiel: „Gott, an welcher Stelle möchtest du mir zeigen, wie du wirklich bist? Und wie möchtest du das tun?"

5. Ich zweifle, ob meine Berührungen von Gott echt sind. Könnte es nicht sein, dass solche Erfahrungen gar nichts mit Gott zu tun haben?

Wir haben dich angeleitet, auf „besondere Momente" in den Übungen und im Alltag zu achten. Wenn sich so ein Moment ereignet, halte ich wenn möglich an und genieße ihn mit allen Sinnen. Ich verweile, verspüre und verkoste. Danach reflektiere ich die Erfahrung betend und frage, ob darin etwas von Gott her für mein Leben, für meinen Glauben, für meine Beziehungen drin liegt.

Es ist ganz natürlich, dass unser Denken meist schon während des besonderen Moments einsetzt. Ganz sicher aber kurz danach. Wir denken über die Erfahrung nach, lösen uns von der Wahrnehmung (der körperlichen Ebene) und gehen in die mentale Ebene. Wir analysieren, vergleichen, bewerten. Auch Zweifel können sich hier einstellen.

In folgender Grafik ist dies dargestellt. Der besondere Moment (Stern) ereignet sich. Ich übe, ihn in dem Moment auszukosten (ein paar Sekunden Zeit, dargestellt unter dem Ereignis). Und schon während des Moments oder kurz nachher mache ich mir Gedanken **über** das Erlebnis (deswegen der Pfeil, der von oben zurückgeht auf den besonderen Moment).

Besonderer   Gedanken über die Erfahrung
Moment
           - analytisch: z. B. „Was könnte mir Gott damit sagen?"

           - vergleichend: z. B. „Das war nicht so wie …"
           - bewertend: z. B. „Das ist nicht so gut …"
           - Zweifel: z. B. „War das nur meine Fantasie? …"

⟵⟶

Zeit, in der wir ihn
genießen, auskosten

Nicht jeder Moment, den wir wohltuend empfinden, ist ein geistlicher Moment, in dem Gott uns berührt. Es liegt also an uns zu unterscheiden, welche innere Berührung von Gott ist und heilsam, hilfreich oder wegweisend – und welche eher nicht. Wahrnehmen dürfen wir beide. So entwickeln wir ein Unterscheidungsvermögen. Im Brief an die Hebräer (Heb 5,14) ist beschrieben, dass reife Persönlichkeiten, mündige Christen, die auf dem Weg zum Ziel schon ein Stück hinter sich haben (das sind im Griechischen die teleion), ein sinnliches Unterscheidungsvermögen (griechisch: aisthäsis) entwickeln durften. Aisthäsis ist nicht nur Kopfwissen, sondern Erfahrungswissen, um zu unterscheiden: „Ja, das ist gut, das ‚schmeckt nach Gott', das führt ins Leben … – und das weniger …"

Ein Unterscheidungskriterium ist diese Qualität an „Mehr". In und nach einer Berührung von Gott fühle ich mich

- ruhiger oder hoffnungsvoller (wo es vorher unruhig war oder düster ausschaute)
- liebevoller
- fröhlicher oder dankbarer
- etwas mehr verbunden mit Menschen oder der Schöpfung
- freier (von bestimmenden Gedanken)
- etwas mehr getröstet in etwas, unter dem ich leide
- gelassener oder vertrauensvoller
- auf gute Weise sehnsüchtiger nach Gott

Bildlich kann man das so ausdrücken: Der besondere Moment ereignet sich (Stern). Ich übe, ihn in dem Moment auszukosten (ein paar Sekunden Zeit, dargestellt unter dem Ereignis). Liegt in diesem Moment eine Berührung von Gott, kann sie in mir auch nach dem Ereignis noch spürbar nachwirken (Punkte).

Besonderer Moment

                      Fein spürbare, gute Nachwirkung/
                      „Nachgeschmack" ...

Zeit, in der wir ihn
genießen, auskosten

Eine Berührung von Gott hält in der Regel eine Weile an. Andere, gewöhnliche Stimmungen tun das meist nicht. Manchmal fühlen wir uns nachher leer. Es geht also um die Einschätzung, ob uns durch die Erfahrung etwas von Gott zukommt. Letztlich haben wir dabei keine Sicherheit. Aber wir dürfen darauf vertrauen, dass Gott unser Unterscheidungsvermögen schult. Außerdem ist es nicht tragisch, wenn wir uns dabei einmal irren sollten. Wichtiger ist, dass wir offen bleiben für Berührungen durch Gott. Wir lernen seinen Charakter und seinen Weg mit uns dabei besser kennen.

    Das kannst du dir vielleicht besser vorstellen, wenn ich Beispiele erzähle, wie ich (Andreas) solche Erfahrungen einordne. Vor Kurzem hörte ich den zweiten Satz von Beethovens 7. Sinfonie. Noch nie hat klassische Musik eine so tiefe Resonanz in mir ausgelöst. Es war, wie wenn die Töne, der Rhythmus an einen tiefen Urschmerz in mir rührten. Mir kamen die Tränen. Wie gewohnt, hielt ich an (das geht beim Musikhören einfach) und war ganz im Wahrnehmen dieses Phänomens. Ich fühlte etwas wie Schmerz oder Sehnsucht. Es war auch irgendwie wohltuend. Aber es war nichts von der „Mehr-Qualität" dabei, die ich von den Berührungen von Gott her kannte. Danach fragte ich mich, ob Gott mir darin etwas zeigen möchte. Aber mir kam nichts in den Sinn. Es war ein sehr intensiver, „besonderer Moment" für mich – wohl aber nicht von Gott, denke ich.

Wenn ich Filme ansehe, bin ich oft zu Tränen gerührt. Besonders diese Momente, wenn nach dramatischen Ereignissen ein Vater seinen Sohn schließlich ansieht und sagt: „I am so proud of you" ... Dabei rührt etwas an eine alte Wunde. Aber diese wurde von Gott schon gut behandelt. Sind solche Momente für mich nachhaltig? Eher nicht. Also keine Berührung von Gott, denke ich.

Es ist schon ein paar Jahre her. Ich war mit meiner Familie und Besuch auf einem Sonntagsspaziergang oberhalb des Heidelberger Schlosses unterwegs. Ich lehnte auf einer Brüstung und blickte hinunter ins Neckartal. Dabei ereignete es sich, dass etwas in mir plötzlich sehr ruhig wurde. Es war wie ein tiefer Friede. Emotional war das nicht so intensiv, wie die beiden vorherigen Beispiele. Aber es war wohltuend und schön, überraschend und ungewohnt. In diesem Frieden stieg ein Gedanke auf: „Selbst wenn ich jetzt gehen müsste (sterben müsste), wäre alles okay. Alles ist gut." Ich kann es schwer in Worte fassen, aber diese Erfahrung ist immer noch bei mir. Nicht immer präsent, aber abrufbar, wenn ich mich daran erinnere. Sie rührt an existenzielle Angst und gab mir irgendwie einen Vorgeschmack auf einen Frieden, der unser Denken übersteigt, auf Gottes großen Shalom, in den jedes Leid und jede Trennung einmünden werden ... Dieser besondere Moment wirkte nach und war von Gott, denke ich.

6. Ich habe in einer geistlichen Übung eine unheimliche Erfahrung gemacht. Wie gehe ich damit um?

Der Herzenskompass macht dir bewusster, was sich in deinem Inneren abspielt. Die biblische Überlieferung nennt unser Inneres „Herz". Es ist der Ort, an dem unsere Gefühle, Überzeugungen und Motivationen entspringen, und auch ein Ort, an dem uns Gott begegnet. „Behüte dein Herz mit allem Fleiß, denn daraus quillt das Leben", heißt es im Alten Testament (Spr 4,23; Luther). Der Zustand unseres Herzens bestimmt, wie wir leben. Deshalb erfordert es auch eine Wachsamkeit, welchen Gedanken und Einflüssen wir in unserem Herzen Raum geben.

Wenn du eine unheimliche Erfahrung gemacht hast, dann darfst du sie aus deinem Herzen hinausweisen. Vor etwa 25 Jahren habe ich (Jörg) in einer Gebetszeit einmal ein inneres Bild gesehen, in dem mein Vater in einem Rollstuhl saß. Das hat mich beunruhigt. Will Gott mich auf irgendetwas vorbereiten? Steht etwas Schlimmes bevor? Noch heute kann mein Vater prima gehen. Vielleicht war es damals ein Bild aus meinem Unbewussten, dessen Ursprung ich nicht verstehen konnte. Vielleicht war es aber auch etwas, das in der christlichen Tradition Anfechtung genannt wird, eine Einflüsterung des Bösen, die Angst weckt, misstrauisch macht und verwirrt.

Die Bibel hat dem Bösen Namen gegeben, die für dessen typische Aktivitäten stehen. Satan bedeutet Feind oder Ankläger. Wo in der deutschen Bibelübersetzung das Wort Teufel steht, steht im griechischen Originaltext oft das Wort Diabolos, was Verwirrer, Verleumder, Streitstifter oder Faktenverdreher bedeutet. Erfahrungen mit dieser Qualität können auch einmal in einer geistlichen Übung auftauchen. Solche Erfahrungen wecken Angst, Druck oder ein Schuldgefühl. Es können Gedanken oder Bilder auftauchen, die wie eine Unheilsprophezeiung wirken. Andere Eindrücke könnten Liebe und Bindungen zerstören, wie zum Beispiel der Gedanke: Mein Partner liebt mich nicht mehr. Oder: Meine Eltern haben mich nie geliebt. Manchmal drängt sich ein Gefühl auf, von Gott einen Auftrag zu bekommen, der mit Abstand betrachtet unklug oder überzogen wirkt, zum Beispiel ganz allein in einen Supermarkt zu fahren, Lebensmittel zu kaufen und diese auf der Straße in einem ärmeren Stadtteil zu verteilen.

Unheimlichen Erfahrungen darfst du eine geistliche Mündigkeit entgegensetzen: Du entscheidest, welche Erfahrungen du annimmst und welche du abweist. Weise von dir, was nicht zu Klarheit, zu einem inneren Frieden oder zu einer fröhlichen, dankbaren Motivation führt. Fürchte nicht, dass du dadurch eine wichtige Botschaft von Gott verpasst. Denn Gottes Ansprache trägt auch immer seinen Charakter in sich. Seine Worte bringen Frieden, stiften Hoffnung und vermitteln Liebe, auch wenn sie dich einmal herausfordern oder korrigieren.

7. Ich bin in einer geistlichen Übung von unangenehmen Gefühlen oder einer schlimmen Erinnerung überfallen worden.

Ohne Verdrängung kommt wohl kein Mensch durchs Leben. Manche Gefühle, die wir erlebt haben, wären ohne Verdrängung unerträglich geworden. Mit manchen schweren Erfahrungen waren wir allein, sodass wir sie nicht vollständig verarbeiten konnten. Verdrängte Gefühle und Erinnerungen können irgendwann wieder auftauchen. Das ist dann heftig. Denn wir haben sie ja verdrängt, weil es schlimm war. Außerdem ist es eine sehr verwirrende, beunruhigende Erfahrung, wenn verdrängte Gefühle und Erinnerungen hochkommen. Denn wir können oft gar nicht richtig einordnen, was sich da abspielt.

In den Herzenskompass haben wir keine Methoden eingebaut, die verdrängte Erfahrungen ans Licht bringen. Was dich beim Üben überfallen hat, wäre vermutlich auch sonst irgendwann aufgetaucht. Verdrängte Gefühle oder Erinnerungen können sich auch nach einem Gespräch oder einem Film bemerkbar machen, wenn dadurch an bestimmten Erfahrungen gerührt wird. Manchmal ist es auch Erschöpfung, die eine Tür zu verdrängten Dingen öffnet. Denn erstens erlahmen dann auch die Verdrängungsmechanismen und zweitens erzwingt die Erschöpfung Pausen, in denen auch Ablenkungen weniger werden.

Gut ist, wenn du in diesem Fall nicht allein bleibst, sondern deine Gefühle und Erinnerungen mit jemandem teilen kannst. Schiebe das, was dich belastet, erst mal so gut es geht beiseite. Nimm dir Zeit für Aktivitäten, die dir guttun, bis du wieder (einigermaßen) im inneren Gleichgewicht bist. Wenn du dich wieder ausgeglichen und stark fühlst, dann wende dich den Gefühlen oder der Erinnerung noch einmal zu:

- Was hat sich da aus meiner Lebensgeschichte gemeldet? Gibt es einen guten Grund, warum es ausgerechnet jetzt aufgetaucht ist?
- Wäre es nützlich, wenn ich mich den alten Gefühlen und den Erfahrungen, die sie ausgelöst haben, etwas ausführlicher stellen würde? Was könnte mir das bringen?
- Was möchte Gott in diese Erfahrungen hineinsprechen?

Die eine oder andere dieser Fragen kannst du auch in eine geistliche Übung mitnehmen. Wenn du schon einordnen kannst, ob es um die Grunderfahrung von Mangel, Fremdbestimmung oder Bedrohung geht, kannst du das beim Üben als Orientierung nutzen.

8. Ich bin in einer Krise – muss ich auf dem Weg mit dem Herzenskompass etwas beachten?

Es gibt unterschiedliche Krisen. Manche Krisen betreffen nur einen Teil des Lebens, während sich die übrigen Bereiche des Lebens gut und stabil anfühlen. Dann stärkt dich der Herzenskompass in dem kritischen Teil deines Lebens. Andere Krisen erfassen das ganze Leben. Es beginnt an irgendeinem Punkt in deinem Leben und breitet sich auf alles andere aus. Ein schwerer beruflicher Rückschlag raubt zum Beispiel oft auch das Selbstwertgefühl und die Zuversicht in anderen Lebensbereichen. Die Trauer nach einer Trennung zieht manchmal eine Depression nach sich, die das ganze Leben freudlos, antriebslos und perspektivlos macht. In einer schweren Krise kannst du dich nicht mehr allein mit dem Herzenskompass auf den Weg machen. Deine Selbstwahrnehmung ist verzerrt. Im Spiegel eines Bibeltextes würdest du nur dein Versagen, deine Überforderung oder dein Elend wahrnehmen. Dir fehlt dann vermutlich auch der Antrieb und die Konzentration für jede Art von geistlicher Übung.

In einer solchen Situation darfst du dich ausruhen und die wenigen guten Dinge tun, für die du noch Kraft findest. Wenn dieser Zustand mehr als ein paar Tage dauert, brauchst du professionelle Hilfe. Wähle die Anlaufstelle, an die du am leichtesten kommst: eine Hausärztin oder ein Hausarzt, eine Pfarrerin oder ein Pfarrer, eine Seelsorgerin oder ein Seelsorger, eine Psychotherapeutin oder ein Psychotherapeut. Dort findest du eine erste Hilfe und erhältst gegebenenfalls eine Empfehlung für weitere Hilfen. In der schweren Krise helfen dir vielleicht einzelne Anregungen aus dem Herzenskompass, die du mit in ein Gespräch nehmen kannst. Mit der Anwendung bist du dann nicht alleine, sondern kannst sie zusammen mit jemandem angehen, der dich unterstützt.

In Krisen dagegen, die „nur" einen Teil deines Lebens betreffen, wirst du auf deinem Weg mit dem Herzenskompass Stärkung, Heilung und eine tiefere Gemeinschaft mit Gott erleben. Sei nur etwas barmherzig mit dir: Deine Selbstdisziplin und deine Fähigkeit, Erkenntnisse praktisch umzusetzen, sind vermutlich gerade nicht so gut wie in deinen besten Zeiten. Schätze die kleinen Dinge auf deinem Weg.

9. Ich übe, fühle mich aber oft traurig, isoliert oder habe andere negative Stimmungen.

Obwohl Gott mit mir (Andreas) schon jahrelang unterwegs ist, überkommen mich immer noch unangenehme Stimmungen. Mal fühle ich mich seltsam angekratzt, wie ängstlich. Mal bin ich grantig (bayerisch für schlecht gelaunt). Mal erkenne ich die Auslöser, in denen die Stimmung kippte, mal finde ich die Gründe nicht heraus. Oft steigen beunruhigende Gefühle auf, wenn jemand in meiner Familie krank ist. Auch habe ich beobachtet, dass sich unangenehme Stimmungen bei mir oft vor den Zeiten einstellen, in denen ich beten wollte oder in denen ich einen geistlichen Dienst tue.

In der christlichen Spiritualität werden Stimmungen, in denen man sich traurig, isoliert oder gottfern fühlt, „Trostlosigkeit" genannt. Meine Gebete gehen scheinbar nur an die Zimmerdecke. Ich erlebe mich abgetrennt von Gott und den Menschen. Solche Zeiten mutet Gott uns zu. Sie sind im geistlichen Leben normal. Sie kommen und sie gehen auch wieder.
Deshalb sollte man den Handlungsimpulsen solch einer Stimmung nicht unbedingt folgen. Z. B. „Ach, das bringt doch alles nichts. Ich hör jetzt auf mit diesen Übungen." Auch größere Entscheidungen soll man lieber in einer Stimmung treffen, in der man „getröstet" ist, sich also verbunden und in Frieden mit Gott erlebt. In Trostlosigkeit ist es wichtig, dass man bei dem

bleibt, was man sich vorgenommen hat. Ich bleibe auf meinem Weg. Ich suche Gott. Ich suche seinen Trost und seine Stärkung für mich und meine Mitmenschen. Mein Festhalten an meinem Weg, mein Blick auf mein Ziel stellen eine unangenehme Stimmung in den richtigen Rahmen. Sie begleitet mich eine Etappe, ich kann sie irgendwann hinter mir lassen. Die unangenehme Stimmung mag mich einmal langsamer und meinen Weg beschwerlicher machen. Aufhalten sollte sie mich nicht.

10. Mir werden in der Gebetszeit anklagende oder abwertende Gedanken bewusst.

In einer schwierigen Lebensphase suchte ich (Andreas) eine Seelsorgerin auf. In einem Gespräch vertraute ich ihr etwas an. Ich erzählte ihr von einem Verhalten, von dem ich selbst wusste, dass es mir und anderen nicht guttat. Es kostete mich einige Überwindung, das Thema überhaupt anzusprechen. Bis heute erinnere ich mich an diesen besonderen Moment im Gesprächszimmer. Beim Erzählen blickte ich etwas beschämt nach unten. Dann war ich fertig und hob meinen Blick und sah … ihre barmherzigen Augen. In ihrem Blick kam mir etwas von Gott entgegen. Gott distanziert sich nicht mit kühlen Augen von mir. Er war mir in den warmen Augen nah. Gott verurteilt mich nicht. Gott versteht mich. Gott wünscht sich von Herzen mein Bestes. Und mir wurde klar: Ich selbst war mir ein härterer, kälterer Richter als Gott. In den folgenden Jahren wurde ich noch mehr vertraut mit diesem inneren Richter, den jeder in irgendeiner Weise in sich trägt. Er ist ein Teil in uns, der Situationen und Personen bewertet, beurteilt, manchmal auch verurteilt.

Stimmen wie diese können sehr stark sein. Wenn ich verletzt wurde, kann sich meine Wut nach außen gegen andere richten (acting out). Sie kann sich aber auch nach innen wenden, gegen mich selbst (acting in). Das kann in Form von Selbstanklage oder Selbstabwertung geschehen. Selbstanklagende und selbstabwertende Gedanken sind lebenshemmende Aggression gegen sich selbst. Gottes Berührungen sind dagegen aufbauend, Mut machend, zärtlich, selbst wenn sie mir einmal aufzeigen, dass ich auf dem falschen Weg bin. Mein Schmerz über mich selbst oder meine Traurigkeit sind dann immer noch von Gottes Liebe umfangen. Er gibt mir dann auch eine Richtung und die Kraft zum ersten Schritt auf einem neuen Weg.

Wenn dir in den Gebetszeiten anklagende oder abwertende Gedanken bewusst werden, ist das schon mal der erste Schritt in Richtung Freiheit. Du kannst sie aufschreiben. So kommen sie ans Licht und verlieren ihre subversive Kraft. Du kannst dich mit ihnen auseinandersetzen. Wie alt seid ihr? Wo kamt ihr in mein Leben? Du kannst nachspüren, was ihr ursprünglicher Sinn war, das heißt, ob sie dich früher einmal vor etwas bewahren wollten. Durch so eine Auseinandersetzung werden dir diese Stimmen künftig schneller bewusst: „Aha, hier seid ihr wieder. Euch kenn ich schon." Gegebenenfalls kannst du ihnen mit Gottes Hilfe eine Wahrheit entgegensetzen: „Ihr könnt sage was ihr wollt. Ich bin und bleibe ein geliebtes Kind Gottes!"

11. Ich glaube, ich bin an einem Punkt, an dem ich nur mit einer Begleitung weiterkomme. Wo kann ich diese finden?

Stelle dir zuerst die Frage, ob eine Herausforderung eher auf einer geistlichen oder seelischen Ebene liegt. Davon abhängig könntest du dir zunächst Gedanken über eine geistliche Begleitung machen oder überlegen, wo du eine Psychotherapie findest.

Geistliche Begleitung ist eine Seelsorgeform, in der es vor allem um deine Beziehung mit Gott geht und darum, wie du Gott im Leben erfährst. Viele suchen geistliche Begleitung aus einer Sehnsucht nach „mehr von Gott", nach einer tieferen Beziehung mit ihm oder nach einem „volleren Leben". Geistliche Begleitung ist eine Hilfe, die eine suchende Person befähigt, auf Gottes persönliche Kommunikation zu achten, diesem persönlichen, kommunizierenden Gott zu antworten, in der Intimität mit diesem Gott zu wachsen und die Konsequenzen dieser Beziehung auszuleben. Geistliche Begleitung ist nicht in erster Linie problemzentriert, sie ist keine Akutseelsorge, wobei Krisen auf dem Weg natürlich auftauchen dürfen.

Geistliche Begleiterinnen und Begleiter hören zu, sie bewerten nicht und geben keine Ratschläge. Stattdessen stellen sie Fragen und teilen Eindrücke. Auch diese Begleitgespräche finden, wie alles in deinem Leben, in Gottes liebevoller Gegenwart statt. Oft ist es nach solchen Gesprächen klarer und leichter.

Gerne kannst du dich an mich (Andreas) wenden. Ich biete Begleitgespräche in der Nähe von Heidelberg an oder über skype® – oder andere Anbieter für Videogespräche. Auf meiner Homepage findest du noch mehr Informationen zu geistlicher Begleitung: (www.rosenwink.de/geistliche-begleitung).

Gute geistliche Begleitung findest du auch in evangelischen Kommunitäten, wie z. B. der Christusbruderschaft Selbitz oder dem Casteller Ring (Geistliches Zentrum Schwanberg). Auch katholische Orden bieten geistliche Begleitung an, z. B. die Jesuiten. Zusätzlich findest du auf Webseiten vieler evangelischer Landeskirchen und katholischer Bistümer unter der Rubrik „Spiritualität" oder „Geistliches Leben" Listen von geistlichen Begleiter/Innen in deiner Region.

Eine psychotherapeutische Begleitung wird von der Krankenkasse bezahlt. Psychotherapeuten haben Psychologie oder Medizin studiert und danach eine aufwendige berufsbegleitende Zusatzausbildung zum Psychotherapeuten gemacht. Meine (Jörgs) Psychotherapeutenausbildung hat zum Beispiel 500 Unterrichtsstunden, 100 Stunden Selbsterfahrung, 100 Stunden Supervision und ein Pflichtjahr in einer Psychiatrie umfasst.

Psychotherapeuten, die mit der Krankenkasse abrechnen können, haben also eine sehr intensive Ausbildung durchlaufen. Das gibt schon einmal eine gewisse Sicherheit, dass du gut aufgehoben bist. Natürlich sind auch Psychotherapeuten von ihrer Persönlichkeit her sehr unterschiedlich. Wenn ich Kollegen auf einer Fortbildung kennenlerne, würde ich ein Drittel von ihnen mit Begeisterung empfehlen. Bei einem weiteren Drittel würde ich sagen: „Schaue nach den ersten Gesprächen, ob die Chemie stimmt und ob du das Gefühl hast, dass meine Kollegin oder mein Kollege für dein Thema kompetent ist. Falls nicht, führe ruhig noch einmal ein Erstgespräch woanders." Ein Drittel meiner Kollegen würde ich nicht empfehlen, auch wenn ich natürlich nicht ausschließen kann, dass gerade diese Person ein Volltreffer für einen bestimmten Menschen sein kann. Deshalb ist es bei einer Psychotherapie wichtig, dass du deiner Einschätzung vertraust und nur dort bleibst, wo du wirklich ein gutes Gefühl hast. Aus der Psychotherapieforschung wissen wir, dass Menschen nach den ersten Gesprächen gut einschätzen können, ob mit einem Therapeuten eine gute, belastbare, tragfähige Arbeitsbeziehung entsteht und ob ein Therapeut kompetent ist für das Problem, das jemand mitbringt.

In Deutschland gibt es noch eine verwegene Möglichkeit, Psychotherapie auszuüben, nämlich den Heilpraktiker für Psychotherapie. Diese Ausbildung kann jeder, der mindestens einen Hauptschulabschluss hat, in einer Reihe von Wochenendkursen durchlaufen und die Tätigkeit dann ausüben, wenn er eine umfangreiche Abschlussprüfung bewältigt. Es gibt Heilpraktiker, die in dieser Rechtsform eine ausgezeichnete Arbeit machen. Oft bringen sie aus einem anderen Beruf Fähigkeiten und Erfahrungen mit, die sie als Heilpraktiker für Psychotherapie fruchtbar machen. Sie haben auch ein Gespür dafür, wann sie eine Begleitung besser an einen Psychotherapeuten abgeben, der umfangreicher ausgebildet ist. Aber nicht jeder kann auf der Basis einer vergleichsweise geringen Qualifikation eine gute Arbeit machen.

Außerdem werden die Kosten für den Heilpraktiker nur in seltenen Fällen von den Krankenkassen getragen.

Falls du eine Psychotherapie suchst, bist du bestimmt dankbar für eine Empfehlung. Pfarrer und Pastoren sind zum Beispiel oft mit Psychotherapeuten vernetzt, weil sie vielen den Weg in eine Psychotherapie bahnen. Die Berufsordnung verbietet Hausärzten, von sich aus Empfehlungen zu geben, auf Nachfrage des Patienten dürfen sie es aber.[5] Auf meiner Homepage findest du Tipps für die Therapeutensuche und zwei Therapeutendatenbanken, in die sich Berater, Seelsorger, Heilpraktiker und auch Therapeuten eintragen, die Menschen mit christlichem Hintergrund begleiten: www.psychotherapie-berger.de/alternativen.

12. Du hast eine Frage, die wir nicht beantwortet haben?

Dann schreibe sie uns: an@derherzenskompass.de oder schau auf unserer FAQ-Seite, ob wir die Frage beantwortet haben, weil ein anderer sie schon gestellt hat:

www.derherzenskompass.de/fragen

---

5 Z. B. BGH-Urteil Az.: I ZR 11/08

BLEIBE MIT UNS AUF DEM WEG

Ich (Andreas) sehe eine Lehrerin aus den USA noch vor mir. Hinter ihrem Pult fasste sie den Kurs über die geistlichen Übungen des Ignatius von Loyola zusammen. Ziel sei es, dass wir „utterly available" werden. Höchst verfügbar. Ich ergänze: sensibel und beweglich für Gott und seine Sache. Eine geübte Person ist wach und gegenwärtig für die feinen und deutlichen Stupser des Heiligen Geistes. Sie hat gelernt, die inneren Regungen, die mehr ins Leben führen, von denen zu unterscheiden, die Leben hindern und Beziehungen belasten. Jesus sagt: „Die Meinen hören meine Stimme. Ich kenne sie und sie folgen mir." (nach Johannes 10,27; NGÜ) Es ist unser Gebet, dass der Herzenskompass dich beweglich macht, um Jesus nachzufolgen, um für deine Mitmenschen Ohren, Augen, Hände und Füße von Christus zu sein.

Herzlich,
Andreas

Das Erscheinen dieses Buches fällt ziemlich genau mit meinem (Jörgs) 50. Geburtstag zusammen. Eigentlich hätte ich längst das Recht auf eine *midlife crisis*. Doch Andreas hat sie mir genommen. Genauer gesagt waren es die Erfahrungen, die ich bei seinen Exerzitien gemacht habe. Ja, die Höhepunkte meines Lebens sind vorbei: der Auszug aus dem Elternhaus, die Wahl meines Berufes, das wilde Verliebtsein, unsere Hochzeit und beinahe die ganze Kindheit unserer Kinder. Doch wie klein wirkt meine Welt, wenn ich in den geistlichen Übungen in die Wirklichkeit Gottes eintrete. Es gibt so vieles zu erfahren, das über den Horizont meines bisherigen Lebens hinausreicht. Das hat mich unendlich neugierig gemacht und mit Vorfreude erfüllt. Diese Neugier und Freude wünsche ich dir, ganz gleich, in welcher Lebensphase du dich gerade befindest.

Gemeinsam mit dir auf dem Weg,
Jörg

Teile deine Erfahrungen und Fragen gerne mit uns:
an@derherzenskompass.de

Möchtest du ab und zu an deinen Weg mit dem Herzenskompass erinnert werden und Impulse zu neuen Themen erhalten? Dann melde dich bei unserem Herzenskompass-Newsletter an, den wir alle 6 Wochen verschicken.

www.derherzenskompass.de/newsletter

LITERATURVERZEICHNIS

Arbeitskreis OPD (2009): Operationalisierte Psychodynamische Diagnostik OPD-2. Das Manual für Diagnostik und Therapieplanung. Huber Verlag Bern.

Barry, W. & Connolly, W. (1981): The practice of spiritual direction. HarperCollins Publishers, New York, NY.

Berger, Jörg (2014): Stachlige Persönlichkeiten. Wie Sie schwierige Menschen entwaffnen. Verlag der Francke-Buchhandlung GmbH, Marburg.

Berger, Jörg (2015): Meine Stacheln. Wie Sie Ihre Schwächen entschärfen. Verlag der Francke-Buchhandlung GmbH, Marburg.

Berger, Jörg (2017): Stachliger Glaube. Wie Sie Gott auf Abstand halten, ohne es zu merken. Verlag der Francke-Buchhandlung GmbH, Marburg.

Frielingsdorf, Karl (2004): Gottesbilder. Wie sie krank machen – wie sie heilen. Echter Verlag, Würzburg.

Ignatius von Loyola (2005): Die Exerzitien. Übersetzung von Hans Urs von Balthasar. Johannes Verlag Einsiedeln, Freiburg.

Jalics, Franz (2018): Kontemplative Exerzitien. Eine Einführung in die kontemplative Lebenshaltung und in das Jesusgebet. Echter Verlag, Würzburg.

Keating, Thomas (1986): Open mind, open heart: the contemplative dimension of the Gospel. Amity House, Warwick, N.Y.

Levine, Peter (2011): Sprache ohne Worte: Wie unser Körper Traumata verarbeitet und uns in die innere Balance zurückführt. Kösel-Verlag, München.

Lincoln, Peter (2007): Wie der Glaube zum Körper findet.

Focusing als spiritueller Übungsweg. Aussaat-Verlag, Neukirchen-Vluyn.

Norberg, Tilda (2006): Consenting to Grace. An Introduction to Gestalt Pastoral Care. Penn House Press, New York, NY.

Rohr, Richard und Ebert, Andreas (1989): Das Enneagramm. Die neun Gesichter der Seele. Claudius Verlag, München.

Young, Jeffrey E. (2015): Schematherapie. Ein praxisorientiertes Handbuch. Junfermann Verlag, Paderborn.

Zehr, Howard (2015): The Little Book of Restorative Justice. Good Books, New York, NY.

WENN DU MIT DEM HERZENSKOMPASS WEITERARBEITEN WILLST, EMPFEHLEN WIR DIR ...

Der Herzenskompass – Mein Notizbuch
ISBN 978-3-96362-171-0
160 Seiten, Paperback

Was bei einer Reise in ein unbekanntes Land hilft, hilft umso mehr bei einer inneren Reise. Deshalb stellen Jörg Berger und Andreas Rosenwink ihrem Buch »Der Herzenskompass« dieses Notizbuch zur Seite. Mit einer praktischen Herzenskompass-Checkliste, einer Übersicht über verschiedene geistliche Übungen, einer Herzenskompass-Landkarte u.v.m. bietet es Orientierung und jede Menge Platz für eigene Notizen.

Mehr zum Herzenskompass findest du auch auf:
www.derherzenskompass.de/notizen